Copyright © 2020 Harold Segura.

Publicado por Ediciones Kairós
Caseros 1275 - B1602ALW Florida
Buenos Aires, Argentina
ediciones.kairos.org.ar

Ediciones Kairós es un departamento de la Fundación Kairós,
una organización no gubernamental sin fines de lucro
dedicada a promover el discipulado cristiano y la misión integral
desde una perspectiva evangélica y ecuménica
con un enfoque contextual e interdisciplinario.

Dirigido por: C. RENÉ PADILLA
Corrección y edición: Elisa Padilla
Diseño de la portada: Gastón Mato
Diagramación interior / eBook: AStudio

Ninguna parte de esta publicación puede ser reproducida, almacenada
o transmitida de manera alguna ni por ningún medio, sea electrónico,
químico, mecánico, óptico, de grabación o de fotografía,
sin permiso previo de los editores.

Queda hecho el depósito que marca la ley 11.723

Todos los derechos reservados
All rights reserved

Ediciones Kairós – Argentina – Año 2020

Segura Carmona, Harold
  Más allá de la utopía : liderazgo de servicio y espiritualidad cristiana / Harold Segura Carmona ; dirigido por C. René Padilla. - 4a ed revisada. - Florida : Kairós, 2020.
  216 p. ; 21 x 15 cm.

  ISBN 978-987-1355-94-5

  1. Espiritualidad Cristiana. 2. Líderes Religiosos. 3. Biblia. I. Padilla, C. René, dir. II. Título.
  CDD 253.5

CUARTA
EDICIÓN
REVISADA

MÁS ALLÁ DE LA UTOPÍA

Liderazgo
de servicio y
espiritualidad
cristiana.

Harold Segura

EDICIONES
KAIROS

Contenido

Prólogo de Juan Stam a la primera edición - 9 -

Agradecimientos - 13 -

Prefacio a la cuarta edición - 15 -

1. Antes de que la utopía nos venza

    Espiritualidad y liderazgo en *Qohélet*. -19 -

    Preguntas para la reflexión y el diálogo. - 40 -

    Algo más acerca del peregrinaje utópico.
    (Qohélet y Sábato: un diálogo en silencio) - 41 -

2. «Pero entre ustedes no debe ser así»

    Espiritualidad y liderazgo,
    a la manera de Jesús. - 49 -

    Jesús, ¿otro ejecutivo?
    Tras la pista del liderazgo de Jesús. - 61 -

    Preguntas para la reflexión y el diálogo. - 71 -

    Algo más acerca del liderazgo de servicio.
    (Bartolomé de las Casas: un modelo histórico) - 72 -

3. «Huye, calla y permanece en oración»

    Espiritualidad y liderazgo
    en los Padres del desierto egipcio. - 81 -

    Preguntas para la reflexión y el diálogo. - 99 -

    Algo más acerca de los Padres del desierto.
    (Antiguos Apotegmas para un nuevo liderazgo) - 100 -

4. Una voz resuena desde el Montecasino

    Espiritualidad y liderazgo
    en el monasticismo benedictino. - 109 -

    Preguntas para la reflexión y el diálogo. - 128 -

    Algo más acerca del benedictismo.
    (La Regla de Benito: perspectiva del liderazgo) - 129 -

5. La espiritualidad como praxis de la libertad

    Espiritualidad y liderazgo
    en la Reforma luterana. - 135 -

    Preguntas para la reflexión y el diálogo. - 158 -

    Algo más sobre espiritualidad
    y liderazgo en la Reforma luterana.
    («Al servicio de todo y a todos sometido») - 159 -

6. Jesús en el rostro de los carenciados

    Espiritualidad y liderazgo en la
teología latinoamericana de la liberación. - 165 -

    Preguntas para la reflexión y el diálogo. - 187 -

    Algo más acerca de la
espiritualidad de la liberación.
(*Monseñor Oscar A. Romero
y el costo del liderazgo*) - 188 -

Epílogo - 201 -

Bibliografía sugerida - 207 -

Prólogo de Juan Stam
a la primera edición

Con este nuevo libro, Harold Segura nos regala una verdadera joya de la literatura pastoral latinoamericana. No lo digo como «piropo», ni mucho menos para que se vendan más ejemplares del libro. Lo digo como testimonio personal. Le lectura de estas páginas me ha enriquecido, me ha inspirado, me ha hecho pensar y me ha enseñado mucho.

Harold escribió hace unos años otro libro importante sobre un tema relacionado, *Hacia una espiritualidad evangélica comprometida* (Ediciones Kairós, 2000),[1] y es autor de muchos artículos valiosos. Además, es un conferencista internacional muy reconocido y apreciado; es uno de esos tipos que todo lo que escriben y todo lo que dicen comunica una alta calidad teológica y literaria.

Nunca he visto un libro parecido a este, y dudo que haya existido ninguno. El autor parte de una correlación muy original entre la espiritualidad y «la cultura gerencial», para el enriquecimiento mutuo de ambas. Confieso que eso me tomó de sorpresa. Pero desde el primer párrafo se define la *cruz* de la tensión entre ambas: «Las espiritualidades han resultado espurias, y la cultura gerencial, asfi-

---

1. 2º edición actualizada: Harold Segura, *Ser iglesia para los demás. Hacia una espiritualidad comprometida*, Kairós, 2010.

xiante». Y añade: «En esa sed de espiritualidad y en esa hambre de eficiencia hay *semillas de misión* y *simientes de transformación*».

Desde ese punto de partida, crítica y abierta a la vez, el autor procede a la busca de una espiritualidad más auténtica y profunda, y de estilos de liderazgo que asimilen los aportes de las técnicas modernas de administración, pero que van más allá de ellas, hacia modelos de liderazgo coherentes con el evangelio y eficaces para el siglo 21.

Mi amigo Harold desarrolla esta temática en una forma muy original y fascinante, con capítulos sobre Jesús, los Padres del desierto egipcio, el libro de Eclesiastés, Benito de Nurcia y la teología de la liberación. ¿Quién hubiera imaginado tales interrelaciones teológicas entre voces aparentemente tan distintas? En este conjunto de enfoques sobre un mismo tema, el autor coordina lo bíblico (Jesús y *Qohélet*), lo histórico (los anacoretas del desierto egipcio y los benedictinos), y lo contextual (la teología latinoamericana). En las palabras del autor: «Con estos cuatro hilos: Biblia, historia, contexto y Jesús, se podrá tejer una propuesta de espiritualidad y un modelo de liderazgo acorde con nuestra identidad de fe.» ¡Gracias, querido Harold, por hacernos pensar en estas nuevas dimensiones poco conocidas!

El capítulo sobre los Padres del desierto, con el llamativo título de «Huye, calla y permanece en oración», es todo un manjar, y el de los benedictinos no se queda atrás. Confieso que la lectura del capítulo sobre los primeros monjes egipcios fue para mí una introducción a esa tradición de espiritualidad, un tema de creciente interés en círculos evangélicos. El capítulo es insuperable para comunicar el espíritu y la mística de ese valioso legado. Además de la exposición del autor del libro, incluye además una especie de antología de citas de aquellos Padres, bellísimas, normalmente yuxtapuestas con textos bíblicos relacionados al tema. Escrito con una extraordinaria empatía como si él mismo hubiera participado en tales vivencias, este capítulo hace un valioso aporte acerca del misticismo de aquella época, tan desconocido por casi toda la comunidad protestante.

La visión del autor y la gama de sus referencias son muy amplias y variadas. Nos ofrece valiosas exposiciones de Herman Hesse y Ernesto Sábato, de Dietrich Bonhoeffer y Jürgen Moltmann, de Bartolomé de las Casas y de monseñor Oscar Arnulfo Romero, entre muchos otros. El libro incluye pasajes de rica interpretación bíblica, junto con algunas hermosas parábolas originales. Otros pasajes son una radiografía verdaderamente profética de la condición de nuestras iglesias hoy. En cada página se percibe no solo el penetrante análisis de la situación actual de la iglesia, sino también el profundo amor del autor por el pueblo de Dios y por estas tierras afroindohispanas.

La lectura de este libro es muy amena, salpicada a cada rato con un sutil sentido del humor. Su simpática anti-paráfrasis de 1 Tesalonicenses 5. 21, «desecharlo todo y no retener ni siquiera lo bueno» (¡«versión popular» de muchos protestantes!), nos persuade con humor y simpatía a tener la mente abierta. A cada paso surgen frases acertadas y epigráficas. La variedad de estilo y ritmo, los descansos pedagógicos para el lector y la lectora, y las preguntas para pensar más sobre cada uno de los temas expuestos, hacen de esta lectura un placer y un aprendizaje significativos.

Hace tiempo que Harold Segura se ha ganado un gran respeto en toda América Latina. Con este brillante libro se coloca, sin lugar a dudas, entre los de primera fila en el pensamiento cristiano latinoamericano. Le auguramos muchos años más de ministerio fecundo, y esperamos muchos libros más como este.

San José, Costa Rica
Junio de 2005

Agradecimientos

A los estudiantes de los programas de Maestría en Administración de Empresas (MBA) y Maestría en Liderazgo Organizacional de *Eastern University*, a quienes desde el año 2001 tuve el privilegio de enseñar los cursos de Liderazgo de Servicio y Formación Espiritual para Líderes Cristianos. De las reflexiones surgidas en las clases y en la preparación de los materiales de enseñanza nacieron mis primeras inquietudes acerca de la *riqueza escondida* de las espiritualidades antiguas. Gracias, también, al Dr. Thomas H. Mcalpine por su acertada orientación en mis primeros años al frente de estos cursos.

A la comunidad de profesores y estudiantes del Seminario Teológico Centroamericano (SETECA), de la Ciudad de Guatemala, a la que fui invitado como conferencista de la semana teológica en el mes de mayo de 2005. En esa ocasión, presenté cinco temas relacionados con la espiritualidad y el liderazgo, de los que resultó el material que sirvió de base inicial para el presente trabajo. Al doctor Pablo Sywulka, quien era el rector de la institución, y al licenciado José Antonio Moreno, decano académico, mis especiales agradecimientos.

Al Dr. Manfred Grellert, vicepresidente de World Vision para América Latina y el Caribe hasta el año 2004. Con su ejemplo de vida recordé la lección de que no es suficiente entregar la vida a favor del Reino, si no se vive cerca del Rey y se depende de su gracia. Manfred fue el primero en animarme a ahondar en los caminos de la espiritualidad cristiana histórica, y a dejar que esa búsqueda «desinstalara» un poco mi propia vida... ¡Ahora no sé si agradecerle!

A Marilú, mi esposa, paciente editora de las versiones originales de estos textos y, más aún, paciente compañera de cada día.

Prefacio
a la cuarta edición

La primera edición de este libro se publicó en el 2005. Vio la luz como parte de la colección de libros de la Fraternidad Teológica Latinoamericana, dirigida por mi amigo y apreciado teólogo de la Misión Integral, el Dr. C. René Padilla. Han pasado quince años desde entonces. Al año siguiente de esa primera edición Ediciones Kairós me pidió publicar una segunda. Entonces escribí un capítulo más, el referente a la espiritualidad de la Reforma magisterial (siglo XVI) y sus aplicaciones para el ejercicio del liderazgo cristiano. Siempre había querido explorar las posibilidades que ofrecía el reformador Martín Lutero para pensar en un asunto poco tratado por los historiadores y mucho menos por los teólogos, su figura como dirigente eclesiástico (líder) y guía pastoral de una de las más grandes revoluciones religiosas de los últimos siglos. Esa fue la oportunidad para estudiar ese ángulo de la Reforma a partir de uno de los más bellos escritos de Lutero titulado *La libertad cristiana* (1520). Esa versión fue reimpresa con un cambio de tapa en una tercera edición en diciembre 2010.

Y aquí estoy de nuevo, regresando a mi obra más querida —y más leída, gracias a la generosidad de los lectores y lectoras— para publicar la cuarta edición. He revisado con cuidado todos los capítulos, sus anexos y las introducciones. He hecho los cambios que consideré necesarios. Lo sustancial lo he conservado. Actualicé la bibliografía y agregué unas líneas de referencia histórica en el tercer capítulo, en consonancia con algunas investigaciones que han aparecido en los últimos años sobre los padres y madres del desierto antiguo.

El texto ha cambiado poco; el contexto, mucho. Me refiero al contexto del liderazgo de las comunidades de fe en América Latina. ¡Ese sí que ha cambiado en estos últimos quince años! También el contexto político y social. Hemos visto desfilar a gobernantes de derecha y de izquierda, conservadores y liberales, todos (¡y todas!) Haciendo gala de un estilo de liderazgo prepotente y, en muchos casos, con funestos resultados en su gestión de gobierno. Muchos de los nobles sueños de justicia y buen gobierno por parte de los electorados de esos años, hoy no son más que tristes pesadillas de desconcierto y frustración. En materia de liderazgo y dirección, los fracasos no han sido pocos.

Pero regresemos al contexto eclesial. Allí los modelos gerenciales y corporativos son una de las formas predominantes del liderazgo. ¡Y vaya éxitos numéricos los que han obtenido con ellos!: iglesias multitudinarias, presupuestos jugosos, curules parlamentarias, candidatos presidenciales y medios de comunicación a su alcance. Estos modelos son efectivos en cuanto a esos logros numéricos (la empresa privada ya los había probado), pero dudosos en cuanto a su fidelidad al Evangelio y, por ende, inciertos en cuanto a su impacto para la transformación integral de la sociedad… y de la misma iglesia.

En esta cuarta edición de *Más allá de la utopía. Liderazgo de servicio y espiritualidad cristiana*, el sueño de un liderazgo cristiano, servicial, humilde, profético, transparente, participativo, responsable y humanizador (que promueva la vida plena) sigue vigente. Y más urgente que en el 2005.

La Dra. Elsa Tamez, apreciada y respetada biblista latinoamericana, ha escrito en uno de sus libros —aquel en el que estudia una de las cartas pastorales del Segundo Testamento— que "...existe una cierta continuidad entre enseñanza, amor al dinero, piedad y liderazgo, que constituye una perversión de la fe cristiana".[1] De lo que deduzco que quizá el desengaño de algunas prácticas del liderazgo cristiano provenga más de asuntos ligados al corazón (espiritualidad) que de los administrativos y estratégicos. Afirmo lo dicho en las ediciones anteriores: el liderazgo es, sobre todo, un asunto de espiritualidad.

Harold Segura C.
San José, Costa Rica, enero 2020

---

1. Elsa Tamez, *Luchas de poder en los orígenes del cristianismo. Un estudio de la Primera Carta a Timoteo*, Sal Terrae, Santander, 2005, 14.

1

Antes de que la utopía nos venza

Espiritualidad y liderazgo en Qohélet

> En este mundo, con su moderna enfermedad mortal,
> la verdadera espiritualidad consistirá en recuperar el
> amor a la vida, y por tanto la vitalidad.
> *Jürgen Moltmann* [1]

En los primeros meses del 2003 se publicó en Argentina un trabajo investigativo acerca de la calidad de vida y el bienestar de los profesionales dedicados a la atención y el cuidado de otras personas. Su autora es Graciela Tonon, investigadora y docente titular de la Universidad de La Matanza y de la Universidad Nacional de Lomas de Zamora, en la provincia de Buenos Aires. Inició su investigacón en 1984 y trabajó en ella durante diez años. En su trabajo confirma que los trabajadores sociales, psicólogos, médicos, educadores y enfermeras, es decir, profesionales del servicio, por estar expuestos al dolor de tantas personas y tan implicados en los males que atormentan a nuestro mundo, están expuestos

---

1. Jürgen Moltmann, *El Espíritu de la vida*, Sígueme, Salamanca, 1998, p. 111.

a padecer lo que se conoce como *síndrome de burnout*. Sin duda, el mencionado síndrome se aplica con toda validez a los agentes pastorales y otros servidores de la causa del Reino de Dios.

Servidores en riesgo

El *burnout* se ha definido como una respuesta a la tensión laboral crónica ocasionada por el cuidado de las necesidades de otras personas y el contacto directo con la enfermedad, la desintegración familiar, las adicciones, la pobreza y el dolor humano en sus múltiples formas. Dice Tonon que

> ... si bien en estas profesiones se espera que los profesionales no asuman los problemas de las personas que atienden, sí se espera que muestren interés y una cierta implicación emocional al respecto. Además, en general, se les pide que atiendan las exigencias de las personas y de la organización en la cual trabajan al mismo tiempo, lo cual puede resultar conflictivo, considerando la escasez de tiempo y la complejidad de los problemas en cuestión. [2]

En cuanto a los síntomas, menciona, entre otros, dolor de cabeza, dolores musculares, hipertensión, irritabilidad, ansiedad, frecuentes tensiones en las relaciones con sus familiares y amigos, taquicardias e incremento de actividad laboral para escapar de la realidad. El *burnout*, dice la autora, es un síndrome diferente de la depresión, del estrés y de la ansiedad.

Desde otro ángulo, Melba Maggay, la escritora de *Transforming society*, [3] pensando en los riesgos que corren los cristianos comprometidos con las labores pastorales y sociales, dice que

---

2. Graciela Tonon, *Calidad de vida y desgaste profesional: Una mirada del síndrome de burnout*, Espacio, Buenos Aires, 2003, p. 37.
3. Melba Maggay, *Transforming society,* Regnum, Londres, 1994.

... hay algo en la exposición cotidiana a la pobreza y otros males de la sociedad que tiende a destruir la fe y a convertir a los agentes de cambio en algunas de las personas más cínicas que podamos encontrar.[4]

Son, entonces, riesgos físicos, psicológicos, pero también espirituales los que acechan la vida de quienes gozan el privilegio de servir a otros en medio de las circunstancias trágicas de nuestro mundo. Esta es una realidad misteriosa y compleja. Porque estar cerca del dolor y del sufrimiento enriquece la vida, pero también, como ya se ha dicho, nos pone frente al peligro de la frustración, la desmoralización y el agotamiento físico. Ante la inmensidad de la tarea y la pequeñez de nuestras capacidades, zozobramos en el mar de los grandes ideales. Sobre estos riesgos poco se ha investigado, por lo menos desde la perspectiva evangélica latinoamericana.

Espiritualidad para el peregrinaje utópico

Además de un aporte médico, o de una contribución meramente clínica, el tema amerita también un tratamiento teológico. Me refiero aquí a la elaboración de un marco bíblico del que se pueda desglosar una espiritualidad que sustente y estimule el ministerio de quienes sirven al Señor entre la miseria de este mundo, entre quienes trabajan en bien del Reino de Dios soñando con la realización de la paz, la justicia, el amor y la vida plena, pero viendo a cada paso las victorias temporales del «anti-reino»: violencia, inequidad, odio y negación de la vida. Con el ánimo de avanzar en esa tarea, tomaremos aquí el libro de *Qohélet*, o Eclesiastés,[5]* como punto de

---

4. Melba Maggay, citado por Bryant Meyers en *Caminar con los pobres: Manual teórico-práctico de desarrollo transformador*, Kairós, Buenos Aires, 2002, p. 172.

5. *Eclesiastés es la traducción griega del término hebreo *Qohélet*. Dicha voz, según los especialistas, indica «la función del que habla en una asamblea», de ahí la expresión «el Predicador», tomada de algunas traducciones de Ec 12.9, aunque el contenido del libro demuestra que se trata, sobre todo, de un maestro. O. S. Rankin dice que «el carácter del libro no es sermónico sino sapiencial». O. S. Rankin, citado por

referencia, convencidos del aporte que nos brinda en este tema. Ese texto nos permite pensar en la posibilidad de establecer los cimientos para una espiritualidad que bien pudiéramos llamar *espiritualidad para el peregrinaje utópico*, o «pan para el camino» de quienes, fatigados por el trajín del Reino, sienten que esa Utopía los puede llegar a vencer.

Hemos dicho utopía, y acerca de este término valen algunas precisiones. La palabra utopía, digámoslo con honestidad, no goza de buena reputación; se la relaciona con el pensamiento ingenuo, con los ideales inalcanzables o con quimeras de incautos. Juan José Tamayo, teólogo español a quien mucho debemos por la recuperación del sentido bíblico del término, dice al respecto:

> La utopía ha sufrido un proceso de deterioro, que se refleja en la propia definición de algunos diccionarios, que acentúan su ingenuidad, su carácter irreal, quimérico, fantasmagórico. Tales derivaciones nada tienen que ver con el sentido que se le da en el pensamiento y en la literatura utópica. Lo que se ha impuesto en el lenguaje ordinario, en la vida social es una caricatura. Así, a las personas utópicas se les considera carentes de sentido de la realidad, de estar en las nubes, de moverse por impulsos primarios, de actuar sentimentalmente, y no de manera racional. No es que se califique de malas, pero sí de ajenas a la realidad. [6]

Cuando se califica a una persona de utópica, lo que se quiere decir es que la tal no tiene los pies en la tierra y no sabe distinguir entre sus anhelos y su realidad.

Carlos T. Gattinoni en *El sentido de la vida: Reflexiones sobre el libro de Eclesiastés*, La Aurora, Buenos Aires, 1990, p. 10.

6. Juan José Tamayo, «Hacia una rehabilitación de la utopía» en la revista *Vida y pensamiento*, vol. 21 # 2, 2001: 16 (Universidad Bíblica Latinoamericana, San José).

En su sentido positivo, el término utopía se emplea como proyecto o ideal de un mundo diferente, donde brille la justicia, la paz y el pleno bienestar. Utopía es el horizonte de esperanza donde se desea llegar ... y se llegará. Es tanto el anhelo de un mañana diferente como la crítica del presente defectuoso. La historia del término se remonta a las primeras décadas del siglo 16 cuando Tomás Moro, llamado «padre de la literatura utópica», escribió su obra «Utopía» en 1516. A Ernst Bloch (1885-1977), judío alemán, conocido por su *Filosofía de la esperanza*, se le atribuye el mérito de haber «recuperado y rehabilitado la categoría "utopía", tan denostada y devaluada tanto política como filosóficamente». [7]

Fe utópica que mira al futuro

Nuestra fe, nos dice la teología, es utópica en el sentido de estar fundamentada en la esperanza, de ser alimentada por la promesa y de proyectarse hacia adelante, con el anhelo de encontrar la sorpresa de otro mundo: el mundo prometido por Dios. La fe cristiana traiciona su sentido cuando se ancla en el pasado y deja de soñar en el futuro de Dios. El mañana esperado es el que tiene la fuerza de transformar el presente. Por eso la mirada es hacia el frente, como lo indica Isaías cuando dice: «Olviden las cosas de antaño; ya no vivan en el pasado. ¡Voy a hacer algo nuevo! Ya está sucediendo, ¿no se dan cuenta? Estoy abriendo un camino en el desierto» (Is 43. 18-19). Esta mirada prospectiva es uno de los tres grandes distintivos de la fe judeo-cristiana, como lo señala con acierto Tamayo en una de sus últimas obras:

> ... la gran aportación de la religión judeo-cristiana a la humanidad puede resumirse en estas tres ideas: la existencia como historia frente a la existencia como eterno retorno de lo mis-

---

[7]. Juan José Tamayo, *Para comprender la escatología cristiana*, Verbo Divino, Navarra, 1993, p. 27.

mo, la esperanza como principio de vida, y la utopía como motor de la historia. [8]

La historia, entonces, avanza hacia los propósitos eternos del Creador y culminará en el punto anunciado. ¡No queda la menor duda! La palabra final no es el mundo presente colmado de injusticias. No. Es el cielo nuevo y la tierra nueva anunciada por el profeta:

> Presten atención que estoy por crear un cielo nuevo y una tierra nueva. No volverán a mencionarse las cosas pasadas, ni se traerán a la memoria. Alégrense más bien y regocíjense por siempre, por lo que estoy a punto de crear: una Jerusalén feliz, un pueblo lleno de alegría (Is 65. 17-18).

Esta es la utopía que mueve la historia y la razón que sustenta la esperanza. Con esta perspectiva es que Max Horkheimer, fundador de la Escuela de Frankfurt, interrogado sobre qué es para él la teología, responde que es «la esperanza de que la injusticia que atraviesa este mundo no sea lo último, que no tenga la última palabra», y agrega algo más: «… es la expresión de un anhelo, del anhelo de que el verdugo no triunfe sobre la víctima inocente». [9]

En respuesta a esta utopía, la fe y la teología se ponen a la orden de Dios para trabajar con solicitud en la erradicación de la injusticia y de los tantos males que niegan una y otra vez el plan generoso de Dios para la humanidad y la creación toda. Como lo afirma Moltmann:

> Los que confían en Dios saben que Dios los espera, que Dios pone su confianza en ellos, que están invitados al futuro de

---

8. Juan José Tamayo, *Nuevo paradigma teológico*, Trotta, Madrid, 2004 (2ª. ed.), p. 142.
9. Max Horkheimer, *Anhelo de justicia*, Trotta, Madrid, 2000, p. 169.

Dios, y que por lo tanto tienen en sus manos la invitación más maravillosa de sus vidas. [10]

Es una invitación que llena la existencia de esperanza, pero también de demandas y de costosos sacrificios.

Lo más absurdo de lo absurdo

Este *peregrinaje utópico* exige, como se dijo antes, una espiritualidad que lo aliente y lo respalde. Por sus caminos no se cruza con mero entusiasmo, menos con simple optimismo. La utopía del Reino de Dios pide mucho más que ingenuidades. Sin una espiritualidad firme y consistente se corre el riesgo de caer y deslizarse tras los abismos de la desesperación y la impaciencia. Cuando se lucha por la vida y se observan los triunfos temporales de la muerte, o cuando se lidia contra la pobreza y lo que se ve es el terrible crecimiento de la miseria, o cuando se trabaja a favor de la paz y lo que se escucha son los tambores de guerra, entonces se entiende que la utopía se sostiene con algo más que piadosas intenciones y que lo que se necesita es una fe terca para seguir esperando. Abraham vivió su fe de esa manera; así habla el apóstol acerca de él: «Contra toda esperanza, Abraham creyó y esperó ...» (Ro 4.18). También *Qohélet* supo lo que era esperar, aunque la realidad mostrara más razones para lo contrario. Él, que lo había esperado todo, al cabo de sus años presencia el derrumbe del castillo de ilusiones: nada cambiaba, todo seguía igual (Ec 1.9), lo torcido no se podía enderezar (1.15), la injusticia continuaba invicta (8. 14), la demagogia de los gobernantes no tenía fin (4.16-17) y, para colmo de males, no había podido confiar ni en las mujeres (7.26). Con sobrada razón exclama convencido: «... lo más absurdo de lo absurdo, ¡todo es absurdo!» (1.2). Absurdo del que sólo logra rescatarlo su imbatible confianza en Dios (3.11; 8.12; 12.13-14) y su inquebrantable pasión por la vida (2.24; 5.18; 8.15; 9.7-9). Precisamente de él, que de utopías las conoce todas, podemos

---

10. Jürgen Moltmann, *Cristo para nosotros hoy*, Trotta, Madrid, 1997, p. 108.

arrancar jirones de una espiritualidad que anime nuestra caminata y refresque de nuevo todas las esperanzas.

El texto de *Qohélet* es un documento contestatario que nos escandaliza por la desfachatez de algunas de sus expresiones y nos desconcierta por su fe contradictoria e inconforme. Por momentos deja ver su decepción con la vida: «... he observado todo cuanto se hace en esta vida, y todo ello es absurdo, ¡es correr tras el viento!» (1.14). Además revela la profundidad de su confianza en Dios: «Quien teme a Dios saldrá bien en todo» (7.18). Pero también le reclama a ese mismo Dios sus acciones absurdas:

> En realidad, Dios da sabiduría, conocimiento y alegría a quien es de su agrado; en cambio, al pecador le impone la tarea de acumular más y más, para luego dárselo todo a quien es de su agrado. Y también esto es absurdo; ¡es correr tras el viento! (2.26).

En otros momentos, ese mismo filósofo escéptico y creyente reservado estalla en expresiones de regocijo por la vida y dice: «Esto es lo que he comprobado: que en esta vida lo mejor es comer y beber, y disfrutar del fruto de nuestros afanes. Es lo que Dios nos ha concedido; es lo que nos ha tocado» (5.18).

Tanto es el desconcierto con el libro que algunos especialistas bíblicos han optado por pensar que el libro fue escrito, no por uno, sino por varios escritores: un radical y pesimista, un sabio (*hakam*), un piadoso fiel (*hasid*) y un discípulo encargado de escribir los epílogos. Hipótesis que, aunque no tiene el respaldo de los mejores estudiosos, resultaría muy lógica para el lector desprevenido. No faltan otras interpretaciones para resolver tanto desconcierto. Incluso algunos prefieren leer el libro sin dejarse interpelar por su confusión y creen que su escritor sólo quiso mostrar dos realidades diferentes: una, los desastres evidentes de una vida sin Dios, y otra, los beneficios innegables de una vida con Dios; para enseñar, al final, que sólo la vida con Dios tiene sentido. Esta perspectiva ofrece valiosas lecciones pastorales y homiléticas, aunque pasa desprevenida frente a su complejidad teológica.

La expresión más conocida del libro es *Havel havelim*: «Vanidad de vanidades, todo es vanidad», según la Versión Reina-Valera 1960 (o «Lo más absurdo de lo absurdo, ¡todo es un absurdo!», según la Nueva Versión Internacional, o «¡En esta vida nada tiene sentido! ¡Todo es una ilusión!», de la Traducción en Lenguaje Actual. La palabra que se traduce como «vanidad» se usa 73 veces en el Antiguo Testamento, de las cuales 41 se encuentran en el Eclesiastés. Elsa Tamez, buscando el sentido dinámico del texto para nuestro contexto, dice que

> ... tal vez, acepciones más triviales de nuestro medio y menos abstractas que vanidad o absurdo, como «porquería» ..., podrían expresar mejor el malestar que le produce a este narrador protagonista lo que acontece bajo el sol. El superlativo reiterativo se leería así: «Una gran porquería —dice *Qohélet*—, una gran porquería, todo es porquería» ... en cierto sentido ese sentimiento de un «hueco en el estómago», es lo que produce una realidad percibida como porquería, donde aparentemente no se pueden cambiar los rumbos de la historia, ni se ven señales de posibilidad de realización humana. [11]

En cuanto a la época de *Qohélet*, basta señalar que el libro se escribió después de la muerte de Alejandro Magno, durante el período de los Ptolomeos, cuando Palestina dependía de Egipto.

Todos los indicios nos inclinan a pensar que el autor escribió a mediados del s. III ac, probablemente hacia el 250 ac. Su

---

11. Elsa Tamez, *Cuando los horizontes se cierran: Relectura del libro de Eclesiastés o Qohélet*, DEI, San José, 1998, p. 20-21.

libro refleja la situación histórica y las condiciones sociales que vivía su pueblo en Palestina. [12]

En esta época, la cultura helenística era la cultura dominante:

Ella era una cultura impactante que influía profundamente en el pensamiento y la vida de los judíos, especialmente de la aristocracia. En ella soplaba un espíritu tecnocrático, caracterizado por un gran optimismo y sentimiento de superioridad. [13]

Es un período marcado por la novedad en todos los campos:

... las técnicas militares, la manera de ejercer el poder desde Alejandría, la administración real y sus finanzas, la acuñación de la moneda, la tecnología aplicada a la producción agrícola, el comercio a escala mayor, y las discusiones filosóficas.[14]

La fuerza de lo nuevo deslumbraba a todos, menos a *Qohélet*.

Esta es la gran época de los inventos matemáticos y físicos que están vigentes hasta nuestros días. Es el tiempo de Arquímedes, Euclides, Aristarco de Samos, Apolonio de Perga y otros. Por lo tanto, nos dice de Jong: «El espíritu predominante de los griegos orientales de ese período era la confianza en las capacidades ilimitadas del hombre y de su razón». [15] Este es un período de máxima eficiencia. Se lograron notables avances en el comercio y en la banca, se desarrollaron manuales para el tratamiento de la tierra con bases

---

12. Ivo Storniolo y Euclides Martins Balancín, *Cómo leer el libro de Eclesiastés: Trabajo y felicidad*, Paulinas, Bogotá, 1993, p. 9.

13. Stephan de Jong, «Quítate de mi sol: Eclesiastés y la tecnocracia helenística» en *Revista RIBLA* #11, 1992: 75.

14. Elsa Tamez, «La razón utópica de *Qohélet*» en *Revista PASOS* # 52, marzo-abril 1994: 14 (DEI, San José).

15. M. Rostovtzeff, citado por Elsa Tamez, *ibid.*, p. 15.

científicas, se perfeccionaron las técnicas militares. Sin embargo, en medio de esta euforia de éxito, muchas cosas no andaban bien, entre ellas las condiciones miserables en las que vivían los siervos y esclavos que no eran griegos. Esta situación de progreso económico y científico sin preocupación social fue la que dio origen a la rebelión macabea y a la conciencia apocalíptica que surgió poco tiempo después. El peso de los tributos era cada vez más pesado sobre Judá y no encontraban cómo mejorar la situación de pobreza extrema que padecían grandes masas de la población.

Se entiende, pues, por qué el autor de nuestro libro pasa por una crisis de fe al no encontrar posibilidades utópicas de organización social. Dice él: «Luego me fijé en tanta opresión que hay en esta vida. Vi llorar a los oprimidos y no había quién los consolara; el poder estaba del lado de los opresores y no había quién los consolara» (Ec 4.1). Confronta la «globalización» del sistema helenista con la actitud de un filósofo sabio para quien la fe es fermento de inconformidad y de lucha apasionada por la vida. Al pensar en las semejanzas entre la globalización actual y la del Imperio Ptolomeo de la época en la que vivió el autor, Elsa Tamez comenta lo siguiente: «Nos sentimos dialogando con un postmoderno que vivió antes de la modernidad».[16] Un pensador que no encuentra cómo se puede revertir la historia, ni cuáles son las posibilidades para la realización personal y social. Con sobrada razón concluye que todo es *hebel* o «porquería». El trabajo es esclavizante (2. 17); el mundo está lleno de injusticias (3.16); la toma del poder político no garantiza el cambio (4.13-16); la riqueza es engañosa (5.10-12); la razón filosófica es engañosa (8. 16-17) y la muerte nos acecha y de ella nadie escapa (2. 16). Con la misma honestidad con la que observa la realidad de este mundo, desafía su fe, se pregunta por las acciones del Creador, y recibe como justa recompensa una confianza renovada en Dios y un desbordante entusiasmo por la vida. Estas son las claves de su espiritualidad y el

---

16. E. Tamez, *op. cit.*, p. 31.

aporte para quienes quieren seguir transitando las sendas del Reino de Dios, sin dejar que las perplejidades de esa utopía los venza.

El Absoluto de la historia

Lo primero que nos propone el sabio educador (12.9) o el Predicador, es *afirmar la fe en Dios como absoluto soberano de la historia y realizador de sus planes, en su tiempo*. Al parecer, todo había fallado. Los avances tecnológicos resultaron aparentes, la justicia se tornó opresora, la ciencia no fue objetiva (tenía sus propios intereses), y hasta la teología se quedó corta cuando trató de explicar los misterios de la vida diaria. La realidad desbordó tanto la teología de la Alianza como la ideología sapiencial. La primera afirmaba que la fidelidad era recompensada con la bendición, y la infidelidad con el castigo o maldición. Pero ni lo uno ni lo otro se cumplió en la realidad. Tampoco acertó la ideología de los sabios que aseveraba que el castigo vendría sobre los delincuentes, y los premios sobre los obedientes. De esta manera, como lo dice Jacques Ellul, «*Qohélet* no dice lo que debe ser, ni lo que es deseable, sino lo que es; [nos remite] a la realidad cruda, sin fingimientos y sin ilusión».[17] Su lucidez crítica es sorprendente. Por lo tanto, concluye que no es más que mera vanidad tratar de explicar lo inexplicable.

Qohélet, como lo reconoce José Vilchez,

> ... participa bastante del auténtico talante del espíritu moderno, que es crítico por excelencia. *Qohélet* es, por lo tanto, un observador realista, no un frívolo optimista que todo lo resuelve acudiendo a su fe en Dios, como si esta fuera una coartada.[18]

---

17. Jacques Ellul, *La razón de ser: Meditaciones sobre el Eclesiastés*, Herder, Barcelona, 1989, p. 35.
18. José Vilchez, *Eclesiastés o Qohélet*, Verbo Divino, Navarra, 1994, p. 45.

Y no es coartada, es fe vital atrapada en medio de los titubeos de la existencia. Descubre, entonces, que sólo existe un Absoluto y ese es Dios. Dios es Dios, y el ser humano es el ser humano. Una gran distancia nos separa del *Totalmente Otro*, para usar la clásica expresión de K. Barth. Él es el Señor de todo cuanto existe, incluso del misterio (9.1); por eso se puede confiar en él y dejar que se encargue de lo imposible:

> Pensé entonces: Al justo y al malvado los juzgará Dios, pues hay un tiempo para toda obra y un lugar para toda acción. Pensé también con respecto a los hombres: Dios los está poniendo a prueba, para que ellos mismos se den cuenta de que son como animales (3.17-18).

Ante Dios debemos guardar silencio reverente porque todos nuestros intentos de comprenderlo y «aprehenderlo» resultan vanos e insuficientes.

Qohélet sabe ahora que entiende menos acerca de Dios y que, por lo tanto, puede descansar confiado en él. «Contempla las obras de Dios: ¿quién puede enderezar lo que él ha torcido?» (7.13). Renuncia a interpretar las acciones soberanas —¡a veces arbitrarias!— de Dios y acomodarlas en sus falibles sistemas teológicos. Dios ha desbordado los límites de la comprensión humana y sólo cabe en los de la confianza serena. Esta es la clave de la espiritualidad del Predicador. Pero que se sepa que para creer así, primero hay que reconocer que el ser humano es limitado —¡mucho!— y haber vivido la experiencia del arrepentimiento por aspirar a ser un falso salvador del mundo y de la sociedad. Las arrogancias mesiánicas del ser humano deben desplomarse, aún las cristianas, para levantar la certeza de que Dios es el único que lo sabe todo y lo puede cambiar todo en su tiempo. Dios —es lo que concluye *Qohélet*— no tiene prisa, pero siempre llega a tiempo.

La utopía del Reino nos invita a mirar hacia el futuro sin ansiedad y a esperar el cumplimiento de la obra de Dios. La utopía no se construye con manos humanas. Pensar así conduce al mesianismo ideológico y nos convierte en redentores insensatos de la historia. Monseñor Oscar Arnulfo Romero, en una de sus oraciones,[19] expresaba así esta limitación humana que conduce a la esperanzada confianza en Dios:

> Nada de lo que nosotros hacemos es completo.
> Ninguna declaración dice todo lo que podría decirse.
> Ninguna oración expresa nuestra fe totalmente.
> Ninguna confesión trae la perfección.
> Ninguna visita pastoral trae la totalidad.
> Ningún programa logra la misión de la iglesia.
>
> Esto es lo que nosotros somos:
> Plantamos semillas que un día crecerán.
> Regamos semillas ya plantadas, mientras sabemos que ellas sostienen la promesa futura.
> Nosotros no podemos hacer todo.
> Puede estar incompleto, pero es un principio, un paso para el camino,
> Una oportunidad para que la gracia de Dios penetre y haga el resto.
>
> Nosotros nunca podemos ver el resultado final, pero esa es la diferencia entre el constructor y el obrero.
> Nosotros somos obreros, no constructores,
> Ministros, no Mesías.
> Nosotros somos profetas de un futuro que no es nuestro.
> Amén.

---

19. Oración atribuida con frecuencia a Oscar Arnulfo Romero. Tomada del boletín informativo del Consejo Internacional OFM para la Justicia, la Paz y la Integridad de la Creación:
www.ofmjpic.org/ofmjpic/contact/espanol/contacto200302

El mesianismo evangélico, tan común entre servidores de la iglesia y tan característico de muchas agencias cristianas de servicio, debe abrir paso a la confianza reposada en las acciones de Dios, quien cumple todos sus planes a su tiempo. Esta espiritualidad no tiene nada que ver con la resignación pesimista ni con el inmovilismo social. La invitación del Predicador no es a dejar de hacer algo sino a dejar de hacerlo con la actitud prepotente que caracteriza al que quiere transformarlo todo con sus propias fuerzas, sin contar con la soberanía de Dios. Creer que con nuestras fuerzas cambiaremos los absurdos de la vida es otra manera de experimentar la vanidad; eso no sirve para nada, ni en la tierra ni en el cielo:

> No hay que pasarse de malo, ni portarse como un necio. ¿Para qué morir antes de tiempo? Conviene asirse bien de esto, sin soltar de la mano aquello. Quien teme a Dios saldrá bien en todo (7.18-19).

Quizá sea Dietrich Bonhoeffer, insigne teólogo y valiente mártir alemán del siglo pasado (asesinado hace 50 años por el régimen de Hitler), quien más tenga que enseñarnos acerca de lo que significa entregar la vida por el Reino de Dios y su justicia, sin pensar que por esa entrega se transforma el mundo y la historia. En Ética, uno de sus mejores textos, escribe lo siguiente:

> Nadie tiene la responsabilidad de hacer del mundo el Reino de Dios, sino que debe ceñirse, en correspondencia con la realidad del Dios encarnado en Cristo, a dar el próximo y necesario paso para ello. Porque la acción responsable no se nutre de una ideología, sino de la realidad ... El ideólogo se encuentra justificado por su propio ideal; el responsable, en cambio, vive de la gracia de Dios, en cuyas manos está depositada su acción ... Sólo la venida del Señor traerá plenitud del ser humano y del ser bueno. [20]

---

20. Dietrich Bonhoeffer, Ética, Trotta, Madrid, 2000, pp. 118-119, 132.

El creyente, que sabe de la soberanía de Dios y que reconoce los límites humanos, lucha y se entrega hasta el final en procura de un mundo distinto, más cercano al sueño del Creador. Hace todo lo posible por apresurar el Reino venidero, pero deja que de lo imposible se encargue Dios. En palabras de Eclesiastés: «Y todo lo que te venga a la mano, hazlo con todo empeño; porque en el sepulcro, adonde te diriges, no hay trabajo ni planes, ni conocimiento ni sabiduría» (9.10).

Amantes de la vida

Pero, además de formular esta fe en el Absoluto y la confianza en que él cumplirá sus planes, *Qohélet* también nos traza la ruta para una espiritualidad que afirme *la vida concreta como don de Dios y como único camino de humanización plena*. Esta segunda pauta se afirma sobre la primera, es decir, como dice Tamez: «Si Dios tiene control, hay que acoger la vida como don de Dios y aprovechar los momentos gratificantes que humanizan, aun cuando estos sean insignificantes».[21] Se trata de «vivir como humanos sintiendo que se vive en una sociedad que no deja vivir por su exigencia de productividad y eficacia».[22]

La comida, la bebida, la alegría, el amor, la amistad, forman parte de la espiritualidad liberadora de Eclesiastés. En seis ocasiones menciona esta dimensión lúdica de la vida con Dios: 2.24-26; 3.12-13, 22; 5.17-19; 8.15; 9.7-10 y 11.9-10. En una de ellas exclama:

> ¡Anda, come tu pan con alegría! ¡Bebe tu vino con buen ánimo, que Dios ya se ha agradado de tus obras!... Goza de la vida con la mujer amada cada día de la fugaz existencia que Dios te ha dado en este mundo. ¡Cada día de tus absurdos

---

21. E. Tamez, *op. cit.*, p. 40.
22. *Ibid.*, p. 53.

días! Esto es lo que te ha tocado de todos tus afanes en este mundo (9.7, 9).

Y no es esta una invitación inconsciente a disfrutar de la vida a espaldas del dolor de las víctimas del sistema de injusticia. Es la alegría de quien vive consciente de los absurdos de esta vida y ha luchado a favor de las víctimas. En la invitación no hay cinismo. Lo que hay es una afirmación de la vida; la vida negada por los absurdos del sistema.

Desde esta novedosa óptica —sobre todo, novedosa para la teología protestante y la ética evangélica latinoamericanas—, la espiritualidad se mide también por la capacidad para disfrutar la vida cotidiana: «Dios disfruta cuando sus criaturas disfrutan».[23] Para *Qohélet*, la comida es muestra de la generosidad de Dios; la amistad es señal de su presencia; la alegría es testimonio de fe; la bebida es signo de bendición, y el amor conyugal es un acto de auténtica contemplación. Sobre esta afirmación de la vida, Jürgen Moltmann ha desarrollado el tema de manera extensa en algunas de sus principales obras, y ha rescatado el sentido festivo de la fe y de la espiritualidad como liberación integral para la vida. Afirma el teólogo alemán que el evangelio de Jesús es, ante todo, amor por la vida, y que la característica principal de quien vive la experiencia del Espíritu de Dios es la opción por la vida y las «ganas de vivir». El Espíritu, escribe él,

> ... son las ganas de vivir que nos embargan, y las fuerzas del Espíritu son las fuerzas de la vida que despierta en nosotros. El Espíritu de Dios se llama «Espíritu Santo» porque da vitalidad a la vida, no porque está lejos y no tenga nada que ver con ella. El Espíritu pone la vida en la presencia del Dios vivo y la introduce en la corriente del amor eterno.[24]

---

23. *Ibid.*, p. 41.
24. Jürgen Moltmann, *op. cit.*, 1998, p. 9.

... La bendición de Dios acrecienta la vitalidad, no la disminuye. La cercanía de Dios hace que valga la pena volver a amar la vida y no despreciarla. [25]

Esta vida se afirma en todas sus expresiones: tanto en la salud como en la enfermedad, tanto en la prosperidad como en las limitaciones, igual en las fortalezas como en las debilidades. «Nacida del amor a la vida, esta vitalidad no es sino verdadera humanidad y, por ello, nada tiene que ver con los ídolos de la salud ...», [26] o del lujo, o del falso éxito, o de la prosperidad económica amparada en una enclenque teología. Por otra parte, este amor por la vida, o como prefiere llamarlo Paul Tillich, este «coraje de existir», afianza la lucha contra las fuerzas destructivas de la muerte porque

> ... el que ama a fondo la vida, odia la pobreza. Quienes afirman y aman realmente la vida se enfrentan inevitablemente con la violencia y la injusticia. No se acostumbran a ellas, no se acomodan, resisten.[27]

Este ardor por la vida es el pilar que sostiene el *peregrinaje utópico* y el que no deja que los absurdos de este mundo le ganen la batalla a la esperanza.

> El que empieza a vivir nuevamente de esta forma, con un sí a la vida, no sólo a su propia vida, ese resiste a los impulsos de la muerte dentro de sí mismo y a los poderes de muerte a su alrededor, y lucha por el futuro de la vida.[28]

El amor por la vida inspira la lucha contra las fuerzas de la muerte. Ésta es la única manera de lograr que la utopía mantenga su

---

25. *Ibid.*, p. 98.
26. *Ibid.*, p. 100.
27. *Ibid.*, p. 11.
28. Jürgen Moltmann, *El Espíritu Santo y la teología de la vida*, Sígueme, Salamanca, 2000, p. 106.

vigor y se convierta en fuente de vida y de alegría. De otra manera, ella decae en ideología y nos vence.

La utopía nos vence cuando su realización depende del achacoso poder humano. Nos vence porque nos exige todo a cambio de migajas de ilusión. Que lo digan los movimientos políticos de la izquierda revolucionaria de las décadas pasadas, víctimas de las desilusiones deprimentes. La utopía también nos vence cuando nos conduce hacia el auto-sacrificio y nos roba las pequeñas alegrías de cada día. Entonces la utopía, incluso la del Reino de Dios, nos obsesiona y nos amarga la existencia; convierte la amargura en virtud y la neurosis en muestra de compromiso. De todo esto nos previene *Qohélet*.

Liderazgo sin pretensiones de poder

Su propuesta está dicha y de ella se aprende también una manera diferente de ejercer el liderazgo. El Predicador desarrolla un liderazgo docente y filosófico. ¡Cuánta falta nos hace hoy, que nos sentimos asaltados por el liderazgo gerencial y pragmático! El sabio de nuestro libro desconfía del poder ejercido a la manera de los príncipes, es decir, como posición de privilegio que lleva al despotismo. Y lo dice él que ha sido rey en Jerusalén y que conoce por experiencia propia la comedia del poder (8.2-4). La toma del poder no asegura que se produzcan los cambios deseados (4.13-16). Parece insinuar que «toda instancia de poder está destinada al fracaso ... para él no hay horizontes posibles desde el poder político para un cambio de sociedad más igualitaria. [29] También, en el mismo lugar (4.13-16), critica con acierto la fama y la gloria de los líderes por ser efímera y engañosa. «Más vale el buen nombre que el buen perfume», es decir, la gloria de los líderes es tan pasajera como un perfume: «Huele bien, impresiona agradablemente, pero se evapora rápidamente. Y [si se deja] el frasco abierto, pronto ya no habrá

---

29. Elsa Tamez, *op. cit.*, p. 28.

nada».[30] Al mismo rey que el pueblo aclamó hasta el delirio, a ese mismo olvidan. El pueblo no tiene memoria e igual olvida lo bueno como también lo malo que se hizo:

> Nadie se acuerda de los hombres primeros, como nadie se acuerdan de los últimos. ¡No habrá memoria de ellos entre los que habrán de sucedernos! (1.11).
> Pues nadie se acuerda jamás del sabio ni del necio; con el paso del tiempo todo cae en el olvido (2.16).

Y otra crítica hacia el poder es que tras él se esconden los peores males: «He visto algo más en esta vida: maldad donde se dictan las sentencias, y maldad donde se imparte la justicia» (3.16). Y esa maldad se hace más cruda cuando más se asciende en la escala del poder (5.8):

> El rigor de su denuncia no obedece a la convicción de que, si hay maldad, ello no es debido simplemente a una mala organización o a personas malvadas. Cuando más alto se sube en la escala del poder, mayor es el mal que se encuentra.[31]

Para el liderazgo no hay más remedio que la *confianza en Dios* (12.13), que el *amor por la justicia* (4.16) y que mirar el mundo desde *la perspectiva de los más débiles* (4.1). Sin esto, como lo diría Lord Acton, «el poder corrompe, y el poder absoluto corrompe absolutamente».

El sabio de Eclesiastés no lo descubrió todo, ni encontró la solución para todos los males; por el contrario, dejó «las ilusiones para actuar de acuerdo con la realidad»,[32] y al actuar así se topó con la esplendidez de la vida otorgada por Dios. La afirmación de la vida

---

30. Jaques Ellul, *op. cit.*, p. 87.
31. *Ibid.*, p. 90.
32. *La Biblia Latinoamericana*, San Pablo-Verbo Divino, Madrid, 1972, comentario p. 694.

renovó su fe y animó sus convicciones utópicas. El sinsentido no tuvo lugar en su discurso, pues supo que Dios sigue siendo Dios (12. 14) y que la vida sigue siendo una muestra de su favor (8. 15). Tuvo motivos para seguir andando con el rostro lleno de esperanza, aunque desprovisto de falsas ilusiones. El Predicador fue un pesimista lleno de fe. Descansó sólo en Dios; no creyó en las promesas salvadoras del poder humano. Tampoco se resignó a llorar su desencanto. Caminó con su mirada puesta en el futuro de Dios. La utopía, como en el poema de Eduardo Galeano, le sirvió para seguir su caminata:

> Ella estaba en el horizonte.
> Me acerco dos pasos,
> Ella se aleja dos pasos.
> Camino dos pasos,
> Y el horizonte se corre diez pasos más.
> Por mucho que yo camine
> Nunca la alcanzaré.
> ¿Para qué sirve la utopía?
> Para eso sirve:
> Para caminar. [33]

Sigamos caminando nosotros también, o corriendo, como dice el autor de Hebreos: «... corramos con perseverancia la carrera que tenemos por delante. Fijemos la mirada en Jesús, el iniciador y perfeccionador de nuestra fe ...» (Heb 12.1-2). Dios sigue siendo Señor de la historia, y la vida sigue siendo el escenario de su amor.

---

33. Eduardo Galeano, tomado de *Un rincón para el pensamiento:* www.usuarios.lycos.es/jhbadbad/rincon.html#galeano

Preguntas para la reflexión y el diálogo

La espiritualidad y el liderazgo
en nuestra experiencia diaria

1. *Servidores en riesgo*: En su contexto eclesial, ¿cuáles son algunos de los riesgos —físicos, emocionales y espirituales— a los que están expuestos los líderes cristianos? ¿Qué es lo que origina estos riesgos?

2. *La utopía*: ¿Cuál es el significado más común que se le da en su comunidad de fe a la palabra *utopía*? ¿Qué piensa acerca de la expresión «la utopía del Reino de Dios»?

3. *Cansancio de esperar*: Observando las realidades sociopolíticas, culturales y espirituales de su país, ¿cuáles son aquellas que causan mayor decepción para quienes trabajan a favor de la justicia y de un «mundo mejor»?

Nos dice la Biblia

Jesús, pocos días antes de su crucifixión, experimentó la decepción con la ciudad de Jerusalén (Lc 19.41). Este mismo sentimiento lo había expresado en Lucas 13.31-35. Después de leer estas dos referencias bíblicas, ¿qué comparaciones podrían hacerse entre la decepción de Jesús y la del escritor de Eclesiastés? ¿Qué significa para nuestro servicio al Reino este «permiso para decepcionarnos»?

Desafíos para nuestra espiritualidad
y nuestra manera de ejercer el liderazgo

1. Pensando en los cambios macroestructurales de la sociedad, ¿qué significa afirmar que confiamos en Dios como el Absoluto de la historia? ¿De qué manera esa confianza afirma nuestro compromiso por un mundo mejor?

2. ¿Cuáles son sus sugerencias para que en nuestras iglesias podamos retomar el sentido festivo de la vida y de la celebración de la gracia de Dios en los pequeños momentos de cada día? ¿Cómo podrían los agentes pastorales animar a las iglesias a disfrutar mejor de la vida, tal como lo presenta Eclesiastés?

Algo más acerca del peregrinaje utópico

(*Qohélet* y Sábato: un diálogo en silencio)

El argentino Ernesto Sábato es, sin duda, uno de los más grandes novelistas y ensayistas latinoamericanos de los últimos tiempos. Nació en Rojas, provincia de Buenos Aires, en 1911. Estudió física, filosofía y matemáticas en la Universidad de La Plata y, después de trabajar durante algún tiempo en el Laboratorio Curie, abandonó la ciencia para dedicarse por completo a la literatura. ¡Enhorabuena!

En estos últimos años (1998-2004), y habiendo cumplido más de nueve décadas de edad, escribió tres obras que constituyen su testamento personal (espiritual), pensando en las nuevas generaciones. Él, como ejemplar activista social, defensor de la democracia y luchador incansable de los derechos humanos, invita a sus lectores, ya al final de sus días, a mantener «el coraje que nos sitúa en la verdadera dimensión del hombre», a «no doblegarnos» y a recordar que «únicamente los valores del espíritu nos pueden salvar de este terremoto que amenaza la condición humana». [34] Esas tres últimas obras (¡que vengan otras más!): *Antes del fin, La resistencia,* y *España en los diarios de mi vejez,* dejan un cierto sabor, por su sabiduría,

---

34. Ernesto Sábato, *La resistencia*, Seix Barral, Santafé de Bogotá, 2000, p. 12.

madurez y pesimismo esperanzado, al Eclesiastés de nuestra Biblia; hasta lo cita, cuando dice:

> El hombre no progresa, porque su alma es la misma. Como dice el Eclesiastés: «No hay nada nuevo bajo el sol». Y se refiere precisamente al corazón del hombre, en todas las épocas habitado por los mismos atributos, empujado a nobles heroísmos, pero también seducido por el mal. [35]

A este Sábato, lúcido y —según él mismo se define— «anarcocristiano», [36] lo podemos invitar a un diálogo con *Qohélet* y dejar que las viejas palabras de éste resuenen hoy en la pluma del anciano escritor argentino. Lo que sigue son versículos del Eclesiastés seguidos de algunas citas de Sábato (tomadas de su libro «Antes del fin»). *Escuchemos*, sin más, este diálogo en silencio.

Los tenebrosos años de la vejez

> Mas si el hombre vive muchos años, y todos ellos los disfruta, debe recordar que los días tenebrosos serán muchos y que lo venidero será un absurdo (11.8).

> *Mi vida parece ir acabando como El túnel, con ventanales y túneles paralelos, donde todo es infinitamente imposible. ¡Qué extraño, qué terrible es que al acercarse a la muerte vuelvan estas tristísimas metáforas! (p. 167).*

Ahora, antes de la muerte, es el tiempo de nuestra creación

> Y todo lo que te venga a la mano, hazlo con todo empeño; porque en el sepulcro, adonde te diriges, no hay trabajo, ni planes, ni conocimiento, ni sabiduría (9.10).

---

35. Ernesto Sábato, *Antes del fin*, Seix Barral, Santafé de Bogotá, 1999, p. 115.
36. *Ibid.*, p. 210.

> La creación es esa parte del sentido que hemos conquistado en tensión con la inmensidad del caos (p. 121).

El refugio absurdo

Y me dediqué de lleno a explorar la sabiduría de todo cuanto se hace bajo el cielo. ¡Penosa tarea ha impuesto Dios al género humano para abrumarlo con ella! ... Todo ello es absurdo, ¡es correr tras el viento! (1.12-14).

> Por la angustia en que vivía, busqué refugio en las matemáticas, en el arte y la literatura, en grandes ficciones que me pusieron al resguardo en mundos remotos y pasados (p. 51).

De frente es como se mira a la maldad

He visto algo más en esta vida: maldad donde se dictan las sentencias, y maldad donde se imparte la justicia (3.16) ... Luego me fijé en tanta opresión que hay en esta vida. Vi llorar a los oprimidos, y no había quien los consolara; el poder estaba del lado de sus opresores, y no había quien los consolara (4.1).

> ... como señala Camus: «Uno no puede ponerse del lado de quienes hacen la historia, sino al servicio de quienes la padecen». El escritor debe ser un testigo insobornable de su tiempo, con coraje para decir la verdad, y levantarse contra todo oficialismo que, enceguecido por sus intereses, pierde de vista la sacralidad de la persona humana (p. 73).

La incansable búsqueda

Me he dedicado de lleno a la comprensión de la sabiduría y hasta conozco la necedad y la insensatez. ¡Pero aún esto es querer alcanzar el viento! (1.17).

> *Muchos, con perplejidad, me han preguntado cómo es posible que habiendo hecho un doctorado en ciencias físico-matemáticas, me haya ocupado luego de cosas tan dispares como las novelas con ficciones demenciales ... (p. 77).*

La sinrazón de la razón

> Y dijo el Maestro: «Miren lo que he hallado al buscar la razón de las cosas, una por una, ¡que todavía estoy buscando lo que no he encontrado! ... Dios hizo perfecto al género humano, pero éste se ha buscado demasiadas complicaciones» (7.27-29).

> *El ser humano es contradictorio, y hasta el propio Descartes, piedra angular del racionalismo, creó los principios de su teoría a partir de tres sueños que tuvo. ¡Lindo comienzo para un defensor de la razón! (p. 78).*

¿La vida? Otro absurdo

> Aborrecí entonces la vida, pues todo cuanto se hace en ella me resultaba repugnante. Realmente, todo es absurdo; ¡es correr tras el viento! (2. 17).

> *Y en momentos en que cavilo sobre la vida, sobre este enigmático final ... cuando todo me parece absurdo e inútil ... (p. 193).*

Ni la ciencia sacia, tampoco la grandeza

> Y he observado todo cuanto se hace en esta vida, y todo ello es absurdo, ¡es correr tras el viento! ... Me puse a reflexionar: «Aquí me tienen, engrandecido y con más sabiduría que todos mis antecesores en Jerusalén, y habiendo experimentado abundante sabiduría y conocimiento... ¡Pero aún esto es querer alcanzar el viento!» (1.14, 16-17).

MÁS ALLÁ DE LA UTOPÍA

En el Laboratorio Curie, en una de las más altas metas a las que podía aspirar un físico, me encontré vacío de sentido... Y aunque traté de explicarles mi crisis espiritual, y de convencerlos de que mi verdadera vocación era el arte, apenas lo comprendieron, ya que para esos hombres, la ciencia es la creación suprema del hombre (p. 84).

Ante la muerte, impotentes

No hay quien tenga poder sobre el aliento de vida como para retenerlo, ni hay quien tenga poder sobre el día de su muerte (8.8).

Aunque terrible es comprenderlo, la vida se hace en borrador, y no nos es dado corregir sus páginas (p. 106).

¿Cuál progreso?

Lo que ya ha acontecido volverá a acontecer; lo que ya se ha hecho se volverá a hacer. ¡Y no hay nada nuevo bajo el sol! Hay quien llega a decir: «¡Mira que esto sí es una novedad!» Pero eso ya existía desde siempre, entre aquellos que nos precedieron (1.9-10).

La historia no progresa ... El hombre no progresa, porque su alma es la misma. La técnica y la razón fueron los medios que los positivistas postularon como teas que iluminarían nuestro camino hacia el Progreso. ¡Vaya luz que nos trajeron! (pp. 114-115).

La aberrante realidad

En la tierra suceden cosas absurdas, pues hay hombres justos a quienes les va como si fueran malvados, y hay malvados a quienes les va como si fueran justos. ¡Y yo digo que también esto es absurdo! (8.14).

El estado de desprotección y violencia en el que se encuentran expuestos los chiquitos nos demuestra palmariamente que vivimos en un tiempo de inmoralidad. Estos hechos aberrantes nos absorben como un vórtice, haciendo realidad las palabras de Nietzsche: «Los valores ya no valen!» (p. 122).

Tampoco la razón

Volví entonces mi atención hacia el conocimiento, para investigar e indagar acerca de la sabiduría y la razón de las cosas, y me di cuenta de la insensatez de la maldad y la locura de la necedad (7.25).

La sacralización de la inteligencia nos ha empujado al borde del precipicio ... Hemos llegado a la ignorancia a través de la razón (p. 156).

A Dios tampoco lo entiendo

Hay un mal que he visto en esta vida y que abunda entre los hombres: a algunos, Dios les da abundancia, riquezas y honores, y no les falta nada que pudieran desear, pero es a otros a quienes les concede disfrutar de todo ello. ¡Esto es absurdo, y un mal terrible! (6.1-2).

Cómo mantener la fe, cómo no dudar, cuando se muere un chiquito de hambre, o en medio de grandes dolores, de leucemia o de meningitis, o cuando un jubilado se ahorca porque está solo, viejo, hambriento y sin nadie, como sucede ahora, ¿dónde está Dios? (p. 196).

Para vencer la soledad

Más valen dos que uno ... Si caen, el uno levanta al otro. ¡Ay del que cae y no tiene quién lo levante (4.9-10).

Mi vida parece ir acabando como El túnel ... Elvirita me habla de Cristo. Me dejo alentar por su sentido religioso de la vida, y del dolor (p. 167).

El implacable paso del tiempo

... con el paso del tiempo todo cae en el olvido, y lo mismo mueren los sabios que los necios (2. 16) ... Todo tiene su momento oportuno; hay un tiempo para todo lo que se hace bajo el cielo (3. 1).

Muchas veces me he detenido, solo en mi estudio, o con mis amigos, a cavilar ... sobre la diferencia entre el tiempo existencial y el tiempo cronológico: éste es igual para todos; aquel, lo más personal de cada hombre (p. 179).

Percatarnos de que somos débiles

Contempla la obra de Dios: ¿quién puede enderezar lo que él ha torcido (7.13) ... el hombre tiene en su contra un gran problema: que no sabe lo que está por suceder, ni hay quien se lo pueda decir (8.6-7).

Lo que antes había leído con juicio crítico, ahora lo absorbía como un sediento. Volví a Jaspers. A las pocas páginas di con una cita de Epicteto: «El origen de la filosofía es percatarse de la propia debilidad e impotencia» (p. 181).

El dolor, suelo sagrado

Vale más el día que se muere que el día que se nace. Vale más ir a un funeral que a un festival. Pues la muerte es el fin de todo hombre y los que viven deberían tenerlo presente (7.2).

¿No ha sido un gran dolor el que dio nacimiento al Oscar Wilde que preferimos? ... En su carta escribe: «Donde hay dolor, hay un suelo *sagrado»*. *Esa experiencia lo alejó para siempre de sus antiguas extravagancias y nunca volvió a frecuentar los salones de fiesta (p. 198).*

He ahí el fin

Pues la muerte es el fin de todo hombre, y los que viven deberían tenerlo presente (7.2). Hay un mal en todo lo que se hace en esta vida: que todos tienen un mismo final (9.3).

Este complejo, contradictorio e inexplicable viaje hacia la muerte que es la vida (p. 21).

2

« Pero entre ustedes no debe ser así »

Espiritualidad y liderazgo a la manera de Jesús

> Nuestra fuerza es nuestra debilidad; nuestra fuerza no es nuestra. Solo somos fuertes, pues, en cuanto, por nuestra propia causa y por la causa de los demás, nos encaminamos hacia la verdad que nos posee, pero que no poseemos.
>
> *Paul Tillich* [1]

Hermann Hesse (1877-1962), notable poeta y novelista alemán, galardonado con el premio Nobel de Literatura en 1946 y autor de *Sidartha* (1922) y *El lobo estepario* (1927), escribió también, entre sus numerosas obras, un breve cuento titulado *El viaje a Oriente* [2] (1959). En este cuento se presenta a un grupo de hombres que han emprendido un viaje mítico a Oriente. Leo es el protagonista de la historia, quien sirve como guía de los viajeros. A él acuden los viajeros para pedir todos los favores

---

1. Paul Tillich, *Se conmueven los cimientos de la tierra*, Libros del Nopal, Ariel, 1968, p. 202.
2. Hermann, Hesse, *El viaje a Oriente*, Oniro, Barcelona, 1997, p. 44.

y hacer todos los reclamos. Es un criado que, además de atender las tareas de rutina, canta, da consejos, y mantiene en alto la motivación del grupo. Todo marcha bien hasta cuando Leo, en forma misteriosa, desaparece. Es entonces cuando reconocen su importancia: «Causaba asombro», dice uno de los viajeros, «comprobar que, de hora en hora, iba creciendo en importancia la pérdida de nuestro criado, que Leo significaba más y más para nosotros cada vez».[3]

Desde ese momento, el grupo se desbanda y todos abandonan el viaje. No pueden seguir sin la orientación de Leo. El narrador, quien es uno de los peregrinos, después de mucho deambular y navegar, encuentra a Leo y éste lo ayuda a llegar hacia el lugar donde está el Superior de los Superiores de la Orden que ha patrocinado el viaje inicial. El narrador, de nombre H. H., llega ante la Gran Silla de los Superiores con mucha duda; temía que se le acusara por haber abandonado el viaje y haber revelado los secretos del Círculo. Pero la sorpresa es grande cuando está frente a la más grande de las autoridades de la Orden y descubre asombrado que es el mismo Leo, «el antiguo criado y portador de equipajes era precisamente el Superior de los Superiores y ... era él quien iba a dictar la sentencia». H. H. Descubre que el antiguo siervo es el mayor de los Superiores y que, como Superior, es el mayor servidor de todos. En medio de los enigmas existenciales del cuento, su autor revela la vieja y siempre vigente verdad del evangelio de Jesucristo: *el más grande es el que sirve* (Mt 20.27).

Liderazgo de servicio

Cuando Robert Greenleaf, profesor de Harvard y reconocido consultor de empresas y universidades, leyó por primera vez la historia de Leo, le provocó un largo proceso de reflexión de casi doce años, hasta llegar a la conclusión de que la crisis de liderazgo que vive nuestro mundo radica en la ausencia de líderes que quieran ser

---

3. *Ibid.*, pp. 104-105.

siervos de los demás. Así nació, hace unos años, lo que ahora se conoce en el mundo empresarial como *Liderazgo de servicio*. A Greenleaf se le atribuye la paternidad de este nuevo enfoque. Dice él: «Mi teoría señala que más personas siervas deberían surgir como líderes, y que las únicas instituciones viables serán las que tengan líderes con actitud de servidores».[4] Y agrega:

> Está emergiendo un nuevo principio moral que sostiene que la única autoridad que tiene un líder es la que le conceden, de manera libre y consciente, sus propios seguidores; y se la conceden en proporción directa a la capacidad que tiene el líder para ser un verdadero siervo.

Esta es una perspectiva renovadora y sorprendente en los estudios sobre el liderazgo. Un enfoque que tiene fuerza propia y al que le auguramos larga vida. Greenleaf, junto a su compañero Larry Spears, ha publicado varios libros sobre el tema y ha afinado sus primeros planteamientos teóricos. ¡Al parecer, una vez más, un viejo principio de los Evangelios sale a la luz pública como si nunca antes hubiera existido!

Pero ya sabemos que lo que ahora se llama *liderazgo de servicio* tuvo su verdadero origen en la vida y en las enseñanzas de Jesús. Fue él quien proclamó que el liderazgo no existe aparte del servicio, y que «quien quiera hacerse grande entre ustedes deberá ser su servidor» [5*] (Mt 20.26). De manera que estas nuevas propuestas son tan viejas como los Evangelios. Quizá lo novedoso sea el tratamiento técnico o el formato académico con el que se quiere presentar. Y no hay por qué desconocer este aporte. La verdad es que el mundo de la empresa, de la política, de la educación, de la ciencia y de otros ámbitos ha necesitado con urgencia revisar sus postulados de liderazgo

---

4. Robert Greenleaf, *El líder como siervo*, The Robert K. Greenleaf Center, Indianápolis, s.f.

5. * Todas las citas bíblicas son tomadas de la Nueva Versión Internacional (NVI).

y comprobar el rotundo fracaso de sus últimos modelos. El modelo de liderazgo que ha imperado en el mundo se ha caracterizado por ser autoritario, jerárquico, prepotente, manipulador, excluyente y egoísta hasta lo sumo. Jesús, ya en su época, describiendo a los líderes políticos decía: «Como ustedes saben, los gobernantes de las naciones oprimen a sus súbditos, y los altos oficiales abusan de su autoridad» (Mt 20.25). El liderazgo ejercido de esa manera ha sido un «cáncer social» con grandes costos para el desarrollo de los pueblos y el crecimiento armónico e integral de los seres humanos.

No sería honesto dejar de señalar que también nuestras iglesias han reproducido ese mal y han sido testigos de sus desastres. El cuerpo de Cristo ha sufrido de la misma metástasis. Cuántas veces el amor al poder se ha disfrazado de piadosa santidad; o cuántas veces, tras la excusa del poder espiritual, se han cometido miserables injusticias. ¡Ese demonio sigue presente y se resiste a desaparecer! Es un demonio insaciable que nos propone resolver los problemas del poder con más poder. Dice Tomas Hobbes, ese genial especialista del tema:

> Indico, en primer lugar, como tendencia general de todos los seres humanos, un perpetuo e inquieto deseo de poder y más poder, que cesa solo con la muerte. Y la causa de esto no siempre es que se espere un placer más intenso ... sino el hecho de no poder mantener más poder ... sino adquiriendo aún más poder. [6]

Inclinados a la dominación

La respuesta cristiana a este asunto es compleja. En este campo, hay una gran diferencia entre las soluciones académicas o empresariales y las que ofrecen la teología y la espiritualidad bíblicas.

---

6. Tomas Hobbes, *Leviatán*, citado por Clodovis Boff en *El evangelio del poder-servicio*, Sal Terrae, Santander, 1987, p. 50.

Para éstas, no es suficiente con que se cambien los conceptos o se postulen nuevas técnicas. La fe cristiana va más allá. Coincide en afirmar que *el liderazgo es un asunto de servicio, pero reconoce que el servicio es un asunto del corazón, y si no se transforma el corazón no se puede aspirar al servicio.* Servir es adoptar una nueva actitud frente a Dios, frente al prójimo y frente a nosotros mismos. Lo que anda mal, entonces, no es solamente el poder: es el ser humano en su constitución antropológica marcado por la realidad del pecado. Clodovis Boff, conocido teólogo brasileño, al escribir sobre el tema, dice lo siguiente:

> El poder humano está ... marcado por la concupiscencia ... Contentémonos aquí, pues, con constatar que [el poder], en su raíz antropológica [y] en términos de su psicología, está poseído por una dinámica intrínseca de expansión continua. Está *destinado al servicio*, pero *inclinado a la dominación*.[7]

Esta situación está ligada al pecado, como lo entiende bien la teología cristiana. El uso indebido del poder o el abuso del liderazgo es tanto un peligro como una tentación, dice al final el mismo Boff.

De lo anterior resulta clara la relación entre liderazgo de servicio y espiritualidad cristiana. Si lo que se necesita es un nuevo liderazgo caracterizado por el servicio amoroso y desinteresado, entonces no lo podemos buscar aparte de la gracia de Dios y del compromiso con los valores de su Reino. El liderazgo de servicio es un resultado de la vida centrada en Cristo; es una consecuencia del proceso espiritual por medio del cual procuramos ser más parecidos a él (Gá 4.18-20). El seguidor de Jesús sirve porque es lo que ha aprendido de su Maestro; no lo hace con ninguna intención estratégica (palabra de la que se abusa en el lenguaje empresarial) sino como producto de su formación espiritual.

---

7. *Ibid.,* pp. 50-51.

Con estas premisas en mente estamos preparados para leer el texto clásico donde Jesús plasmó su enseñanza acerca del liderazgo de servicio (Mt 20.20-28). Observemos las diferencias entre los discípulos y Jesús en cuanto a los temas del poder, del Reino y de la espiritualidad.

> [20] Entonces la madre de Jacobo y de Juan, junto con ellos, se acercó a Jesús y, arrodillándose, le pidió un favor.
> [21] ―¿Qué quieres? ―le preguntó Jesús. ―Ordena que en tu reino uno de estos dos hijos míos se siente a tu derecha y el otro a tu izquierda.
> [22] ―No saben lo que están pidiendo ―les replicó Jesús―. ¿Pueden acaso beber el trago amargo de la copa que yo voy a beber? ―Sí, podemos.
> [23] ―Ciertamente beberán de mi copa ―les dijo Jesús―, pero el sentarse a mi derecha o a mi izquierda no me corresponde concederlo. Eso ya está decidido por mi Padre.
> [24] Cuando lo oyeron los otros diez, se indignaron contra los dos hermanos.
> [25] Jesús los llamó y les dijo: ―Como ustedes saben, los gobernantes de las naciones oprimen a los súbditos, y los altos oficiales abusan de su autoridad.
> [26] Pero entre ustedes no debe ser así. Al contrario, el que quiera hacerse grande entre ustedes deberá ser su servidor,
> [27] y el que quiera ser el primero deberá ser esclavo de los demás;
> [28] así como el Hijo del hombre no vino para que le sirvan, sino para servir y para dar su vida en rescate por muchos.

Antes de que se asignen los puestos

Mateo ubica esta perícopa después del tercer anuncio que hace Jesús acerca de su muerte (20.17-19). El Maestro está pensando en su sacrificio; y dos de sus discípulos, con el beneplácito de su madre, están pensando «en la herencia». Ellos recordaban que Jesús les había prometido a los doce que se sentarían cada uno en un trono para gobernar a Israel (19.28), aunque nunca asignó los dos puestos de mayor honor. Jacobo y Juan, reconociendo la inminencia del Reino, deciden entonces tomar la delantera y pedir ese privilegio (20.20). Jesús les responde que ellos no saben lo que están pidiendo y, además, están pidiendo algo que él no puede darles porque quien toma esas decisiones es el Padre (20.21-23). Cuando los demás discípulos escucharon lo que había pasado, se indignaron contra los ambiciosos hermanos (20.24), quizá porque los estaban relegando a los lugares inferiores. Jesús interviene y calma la indignación con una lección de humildad. La lección es para todos y no solo para Santiago y Juan; en el fondo del corazón, todos anhelaban tal poder. Valga aquí una breve digresión: ¿Qué pasó con la madre de ellos? Ella hace el pedido y desaparece de la escena. Incluso en la versión del evangelista Marcos, quienes piden el favor son los hermanos (Mr 10.35). La posible razón de esta divergencia narrativa puede ser el hecho de que Mateo escribe dos o más décadas después de Marcos, cuando «un halo de santidad» cubre a los apóstoles y no se quiere decir nada en contra de ellos. Si así fuera, Mateo estaría protegiendo a los dos hermanos apóstoles y usando la figura de su madre para responsabilizarla de lo sucedido. Me quedan dudas al respecto.

Sigue luego la plática de Jesús en la que declara que sus seguidores deben ejercer el poder de una manera diametralmente opuesta a cómo lo ejercen los gobernantes del mundo (20.25-28). Su prototipo de liderazgo es el servicio, y su paradigma es su propia vida sacrificada en bien de la humanidad. ¡Qué distinto! Con sobrada razón se ha dicho que esta sección contiene la «constitución política del Reino de Dios» en la que el servicio es el criterio que define la auténtica grandeza.

Mateo, al igual que Marcos en su pasaje paralelo (Mr 10.35-45), hace una cuidadosa narración de lo sucedido con el propósito de lograr que los lectores capten el profundo abismo de diferencias entre lo que dicen, piensan, creen y hacen los discípulos, y lo que dice, piensa, cree y hace Jesús. El uso retórico de las ideas opuestas, la ironía pedagógica y los paralelismos de sinónimos son sencillamente magistrales en los dos evangelistas. Quedan claras varias diferencias que arrojan suficiente luz para iluminar los dos temas que nos interesan en esta ocasión: liderazgo y espiritualidad.

Servicio, entrega y redención

Mientras que *para los discípulos el liderazgo se funda en el hecho de recibir privilegios personales y de disfrutarlos para el bienestar de unos pocos, para Jesús el liderazgo consiste en el acto de entregarse por los demás para que muchos reciban los favores*. Sus palabras son: «El que quiera hacerse grande entre ustedes deberá ser su servidor, y el que quiera ser el primero deberá ser el esclavo de los demás ...», y enseguida agrega: «... así como el Hijo del hombre no vino para que le sirvan, sino para servir y para dar su vida en rescate por muchos» (20.26-28). Los conceptos opuestos son obvios: los discípulos buscan recibir («que en tu Reino uno de estos dos hijos míos se siente a la derecha y el otro a tu izquierda»); él les enseña que hay que entregar («para dar su vida en rescate»). Por otra parte, ellos buscan que los privilegios se conserven en un círculo muy reducido de beneficiarios («estos dos hijos míos»), pero Jesús anuncia que la entrega de su vida será para el «rescate de muchos». Lo más desconcertante de este planteamiento, tanto para los discípulos de ese entonces como para nosotros hoy, es la manera como Jesús relaciona el liderazgo con el servicio, el servicio con la entrega, y ésta con la redención. Estos son los tres vínculos temáticos que no pueden faltar a la hora de elaborar una teología cristiana del liderazgo y su correspondiente espiritualidad: *servicio, entrega* y *redención*. ¡A quién se le hubiera ocurrido alguna vez!

Todo lo anterior se presenta de esa manera porque, para Jesús, *el liderazgo sin servicio no sirve* más que como un lujo que corrompe y que conduce hacia la destrucción. Por esa razón usa el ejemplo de la autoridad absoluta de los gobernantes de las naciones que «oprimen a los súbditos» y de los altos oficiales que «abusan de su autoridad». Las imágenes que están en la mente del auditorio original son los reyes helenísticos, casi todos crueles y despiadados, y los gobernantes satélites del imperio romano, como Herodes. Un liderazgo así no había dejado más que humillación y miseria. Pocos se habían beneficiado de él y muchos habían padecido sus horrores.

Por otra parte, la enseñanza de Jesús supone que los servidores tendrán la disposición de entregarse por los demás, así como él lo hará por muchos. Esa entrega es necesaria para que el liderazgo sirva a alguien. En eso consiste el privilegio de ser líder, como lo enseñó Jesús en otra parte: «Hay más dicha en dar que en recibir» (Hch 20.35). Si los líderes no quieren entregar nada, entonces lo que están revelando es su deseo, consciente o inconsciente, de retener para sí mismos y de lograr que los demás les den a ellos. Es una clara muestra de egolatría. Santiago y Juan querían que Jesús les diera algo, y después de eso hasta se arrodillan en actitud de reverente egoísmo (20.20). Por lo general, los líderes del mundo —los que cita Jesús— se especializan en saber recibir honores, privilegios, aplausos, bienes que enriquecen sus arcas personales, comodidades, lujos, saludos protocolares; de todo esto sabemos bastante en América Latina. Su experiencia es recibir, no dar; y por eso, en la perspectiva de Jesús, son insensatos, porque no han disfrutado de la dicha de dar y de darse. Ese es el privilegio que desperdician quienes llegan al poder y solo se sirven ellos mismos. Esa es la estupidez del poder: huir del servicio para escoger ser servidos, y huir de la esclavitud para convertirse en amos —pequeños dioses— de todos. Esta enseñanza de Jesús se confirma con el uso de dos figuras: la del servidor y la del esclavo (20.26-27).

Hemos dicho algo breve acerca del servicio y de la entrega. Debemos también decir algo acerca de la redención. ¿Por qué Jesús cierra esta lección diciendo que él «no vino para que le sirvan, sino para servir y para dar su vida en rescate por muchos»? Para tener una respuesta, nos presta ayuda lo que dice el escritor de la epístola a los Hebreos cuando dice que «sin derramamiento de sangre no hay perdón» (Heb 9.22). En otras palabras, nuestra redención dependió de que hubiera alguien que quisiera servirnos y entregara su vida por nosotros. Jesús nos hizo ese servicio y de esa manera nos rescató. Así, toda nuestra soteriología descansa sobre el acto libre de un líder-siervo que entregó su vida por nuestra redención. Pablo dice que ese líder-siervo «se rebajó voluntariamente ... se humilló a sí mismo y se hizo obediente hasta la muerte, ¡y muerte de cruz!» (Fil 2.7-8).

Libres por fin

Mucho se ha dicho dentro de la teología evangélica acerca del significado del rescate para el alma humana. Poco se ha dicho sobre el significado del rescate para nuestras miserias de cada día, entre ellas las del despotismo del poder. El equilibrio es necesario.[8] Y en aras de él, agreguemos que Cristo se entregó, también, para rescatarnos de una manera absurda y corrompida de ejercer el poder. Por ejemplo, quien se llame seguidor de Jesús y haga de ese testimonio una fuente de poder, o se afirme sobre sus credenciales de líder cristiano para dominar, manipular, avasallar, explotar, oprimir y hacerse rico, el tal no ha experimentado la redención; sigue siendo esclavo de su manera de gobernar y de ser líder. Tiene razón Pedro cuando dice: «Como bien saben, ustedes fueron rescatados de la vida absurda que heredaron de sus antepasados. El precio de su rescate no se pagó con cosas perecederas, como el oro o la plata, sino con la sangre de Cristo ...» (1P 1.18). Nosotros ahora podemos escaparnos de la manera de ejercer el poder como lo hicieron nuestros antepasados y lo siguen

---

8. Se trata de buscar el equilibrio en nuestra doctrina de la redención para que junto a «la remisión de la culpa del pecado» aparezca también, como lo hacen el apóstol Pablo y los demás escritores del Nuevo Testamento, «la liberación del dominio del pecado». Ver Dallas Willard, *Renueva tu corazón: Sé como Cristo*, CLIE, Terrassa, 2004, pp. 37-38, 328 (nota 7).

haciendo nuestros contemporáneos. ¡Eso sí que es salvación! ¡Eso sí es producir una revolución!

Pero volvamos ahora a Santiago y Juan (y su mamá). ¿Qué fue lo que falló para que después de tres años de andar con Jesús no hubieran comprendido la clave del servicio y estuvieran tramando artimañas para ganar los puestos de poder? La respuesta, en mi opinión, está en la forma equivocada como querían relacionar aquello que creían con aquello que querían ser. Y esta relación es otra forma de definir lo que es la espiritualidad. La espiritualidad también puede ser definida como «la totalidad de las creencias en cuanto a Dios y cómo éstas logran sus expresiones en el diario vivir».[9] Los discípulos erraron, o quisieron errar, en su manera de entender algunas de las creencias vitales de la fe de Jesús, como el Reino de Dios (20.21), la misión del Hijo del hombre (20.28), el sentido del rescate sacrificial (20.28), la autoridad de Jesús (20. 21, 23), el camino de la realización humana (20.26) y el martirio como parte del discipulado (20.22). Al tener alterado este sistema de creencias, ellos actúan en consecuencia con él. Si para ellos el Reino no es más que el ejercicio del poder absoluto justificado por la omnipotencia de Dios, entonces con razón anhelan tener los dos tronos que estén más cerca del poderoso. Si creen que la misión del Hijo del hombre es ganarse la gloria del mundo, recibir todo el poder que él ofrece y abusar de su autoridad, entonces con sobrada razón acuden a él para que comparta esos triunfos y «ordene» (20.21) las camarillas del poder. Así se va entremezclando su perturbada teología con sus equivocadas maneras de vivir; *su desquiciada teología con su desarticulada espiritualidad*. Haciendo referencia a la relación entre lo que pensamos y la manera como vivimos, dice el apóstol Pablo: «... cambien su manera de pensar para que así cambie su manera de vivir, y lleguen a conocer la voluntad de Dios, es decir, lo que es bueno, lo que le es grato, lo que es perfecto» (Ro 12.2).[10]

---

9. Joyce de Wyatt, *El arte del buen morir*, Mundo Hispano, El Paso, 2004, p. 56.
10. La Biblia de Estudio *Dios habla hoy*, Sociedades Bíblicas Unidas, 1998.

La espiritualidad que sustenta el liderazgo de servicio es la que enuncia Jesús en el pasaje que hemos examinado: *la espiritualidad de la entrega como expresión de servicio, la del sacrificio como medio de redención o de rescate* (el servicio nos hace libres). Y el marco que sirve de referencia a esta espiritualidad es el mismo que anima toda espiritualidad neotestamentaria: el Reino de Dios (Mt 6.33).

Hora de regresar

Después de lo anterior, concluyamos con una inquietud de índole pastoral: si la relación entre fe y vida, entre convicciones y manifestaciones, o para usar los términos ya empleados, entre teología y espiritualidad, es tan estrecha, entonces haremos bien en examinar de nuevo nuestra teología evangélica a la luz de la espiritualidad que estamos expresando. ¿No será que el desprecio que se ha tenido por la teología en muchos círculos evangélicos se está reflejando ahora en el profundo desconcierto que existe en nuestra espiritualidad? Y ahora, la otra cara de la pregunta: ¿No será que el frío academicismo de algunos centros teológicos contribuyó al desconcierto, haciendo creer que la reflexión teológica consistía en pensar sin actuar y en polemizar sin comprometerse? El surgimiento de fenómenos tan preocupantes como la *teología de la prosperidad* (que ni es teología ni les ha podido garantizar la prosperidad a los más pobres); el surgimiento de un nuevo tipo de *clericalismo evangélico* (dotado de un sistema jerárquico más férreo que el que criticamos por cuatro siglos); la *obsesión por el poder político* (basado en la fuerza electoral de los números, pero desprovisto de propuestas concretas de transformación social) y el *vacío de piedad y de sacramentalidad litúrgica* (que convirtió el culto en espectáculo y el evangelio en producto comercial), nos hacen pensar que ha llegado la hora de regresar a las fuentes de la teología bíblica y al manantial de la espiritualidad cristiana. Juntas nos pueden ofrecer una iglesia más fiel, un liderazgo más servicial y una vida más plena (Jn 10.10).

Regresemos al cuento de Hermann Hesse: Leo, el joven servidor, dialoga con H. H. Y en un momento le habla de «la ley del sacrificio». Éste, intrigado, le pregunta en qué consiste esa ley. Leo responde: «Quien quiera vivir largo tiempo, ha de estar dispuesto al sacrificio. Pero quien quiere mandar, no vivirá mucho tiempo». A lo que su interlocutor le pregunta: «¿Por qué entonces hay tantas personas que ambicionan el poder?» Y Leo le dice: «Porque no lo saben. Hay muy pocos que han nacido para mandar, y estos viven sanos y alegres. Pero los otros, los que solo por ambición han llegado al poder, éstos terminan en la nada».

Quien llega al poder por ambición termina en la nada, dice Leo, y tiene razón. La ambición del poder nos convierte en esclavos y nos hace esclavistas; en cambio, el poder del servicio nos libera y nos concede la gracia de dejar en libertad a los demás. Jesús dijo: «Conocerán la verdad, y la verdad los hará libres» (Jn 8.32). ¡Esa verdad la hemos conocido; vayamos, pues, tras su libertad!

Jesús, ¿otro ejecutivo?
Tras la pista del liderazgo de Jesús

Junto a Mateo 20.20-28 —texto ya comentado— hay otro pasaje clave para considerar el modelo del liderazgo de Jesús: Lucas 4.16-30. En esta ocasión, Jesús revela su cometido mesiánico ante los parroquianos de la sinagoga de su pueblo, y deja ver desde ese primer momento que su modelo de liderazgo será diferente a lo acostumbrado por las grandes figuras de la religión oficial de aquel entonces. Este pasaje lucano nos ayudará mucho para la siguiente reflexión.

Entre la creatividad y la manipulación

He visto a Jesús vestido con impecable traje de gerente moderno, luciendo fina corbata de arabescos, brillantes zapatos de cuero, y llevando en su mano un maletín con una computadora portátil y el infaltable teléfono celular. A este Jesús me lo han presentado muchas veces, como prototipo de administrador eficiente, líder eficaz y nuevo *gurú* del mundo empresarial. También como jefe de campaña del nuevo partido político. ¡Cómo lo han desfigurado!

Convertir a Jesús en ejecutivo no es tarea difícil. Solo basta leer algunos libros de la más reciente literatura empresarial —que por cierto abunda— para obtener un perfil aproximado del líder que allí se propone, y después darse a la tarea de buscar textos bíblicos que lo respalden. Tres o cuatro de estos libros, una buena concordancia bíblica y algo de creatividad serán suficientes para asignarle a Jesús su nuevo escritorio gerencial y transformarlo en experto coordinador de dinámicas de grupo, hábil motivador de equipos de trabajo, ducho administrador del cambio, elocuente comunicador de mensajes estimulantes, y profundo conocedor de los comportamientos organizacionales. Así de fácil.

Por esa vía se logra transformar al Jesús de los Evangelios en un líder pasajero hecho «a imagen y semejanza» de los caprichos de la época. Pero este Jesús no pasa de ser uno más de los muchos héroes del momento, de esos que hoy están y mañana desaparecen, como suele suceder con las figuras de la farándula, los caudillos políticos o los modelos del comportamiento empresarial. Todos estos no son más que líderes de corto vuelo.

Por eso, al tratar aquí el tema del liderazgo a la manera de Jesús,[11] quisiéramos proponer otro camino. Éste consiste en acudir a

---

11. «Liderazgo a la manera de Jesús» en *Apuntes Pastorales*, vol. XXI, N° 4 (julio-septiembre 2004).

las Escrituras procurando descubrir en ellas la manera en que Jesús realizó su ministerio y asumió el liderazgo encargado por su Padre.

Si se entiende por liderazgo *el proceso por medio del cual se influye de manera saludable, ya sea por el pensamiento o las acciones, en las ideas, conductas y compromisos de otros, para el logro de objetivos comunes*,[12] entonces Jesús fue el Maestro por excelencia sobre este tema.

«En sus pasos»

De Jesús podemos aprender cómo servir a nuestras comunidades e iglesias y cómo aportar a su crecimiento integral. Mucho se puede aprender de Jesús si dejamos hablar a los cuatro Evangelios. El Jesús pobre, escéptico de las multitudes, ajeno al poder, esquivo a la fama, humilde, sencillo y servicial tiene mucho que enseñarnos hoy cuando el liderazgo —aun el eclesiástico y cristiano— se funda sobre bases diferentes.

«El que afirma que permanece en él, debe vivir como él vivió» (1Jn 2.6). Esta sentencia debería aplicarse también a nuestros estilos de liderazgo. Jesús es el modelo, no porque haya tenido el éxito hu-

---

12. Esta definición reúne tres elementos principales del liderazgo: la *influencia* de quien ejerce la función de líder, el *grupo* con el que interactúa, y los *logros comunes* que se procuran alcanzar. Son numerosas las definiciones que existen y variadas las formas teóricas de abordar el tema del liderazgo. El llamado enfoque «contingencial» suele mencionar en total tres variables claves: 1. el individuo (líder); 2. el grupo; 3. las circunstancias o situaciones. De la selección y combinación de estas variables resultan las tantas definiciones existentes.
Una nueva discusión acerca del liderazgo surge por parte de quienes opinan —con sobrada razón— que el liderazgo ha sido una forma sutil de perpetuar abusos en la sociedad y que, por lo tanto, lo que se necesita no es desarrollar líderes sino generar procesos de autogestión y protagonismo centrados en la comunidad y no en individuos particulares. Para conocer este acercamiento ver: Luz Stella Losada y José Miguel de Angulo, *Desarrollo integral transformador*, Visión Mundial, MAP Internacional y ASONGS, Quito, 2003, pp. 126-213.

mano que quisiéramos (recuérdese que su grupo de discípulos no fue multitudinario, su capacidad financiera fue limitada y sus influencias políticas fueron modestas). En mucho fue contrario a lo que se espera hoy de un líder religioso. Pero él es el modelo, y sus patrones de liderazgo deberían ser los de la iglesia y de quienes sirven en su nombre.

Siguiendo la ruta propuesta —ir primero a la Escritura— nos acercaremos en esta oportunidad a un episodio fundamental en el ministerio de Jesús. Se trata de lo ocurrido en la sinagoga de su pueblo cuando se presentó como el enviado del Padre (Lc 4.14–30). Lo sucedido en aquella ocasión nos ofrece valiosas pinceladas acerca de su liderazgo.

Infortunado comienzo

Lucas inicia con este pasaje la narración del ministerio de Jesús en Galilea, al cual le dedica una buena parte de su Evangelio (Lc 4.14–9.50). Galilea tenía en aquel entonces, más o menos, tres millones de habitantes. Nazaret, por su parte, solo tenía veinte mil pobladores y era una pequeña ciudad fronteriza, algo aislada, por lo cual era objeto del desprecio de muchos judíos estrictos (Jn 1.46). En ese lugar, pequeño y menospreciado, Jesús inició su ministerio público. ¿Por qué allí? ¿Por qué tan bajo su «perfil de liderazgo» para comenzar la predicación del *año del favor del Señor* (Lc 4.19)? Estas son preguntas que, desde ya, anuncian que estamos frente a un líder diferente. Mientras los grandes rabinos de la época escogían a Jerusalén u otra gran ciudad para la presentación de su ministerio, Jesús prefirió su pequeña Nazaret.

En medio de un auditorio compuesto por sus paisanos más cercanos, anunció que procedía del Padre y que en él se cumplían las viejas profecías del Antiguo Testamento. El evangelista nos cuenta entonces que «todos dieron su aprobación, impresionados por las hermosas palabras que salían de su boca» y se preguntaron: «¿No es éste el hijo de José?» (Lc 4.22). Pero al final, contradiciendo esos aplausos, «... todos los que estaban en la sinagoga se enfurecieron» y «lo expulsaron del pueblo y lo llevaron hasta la cumbre de la colina sobre la que estaba construido el pueblo, para tirarlo por el precipicio» (Lc 4. 28 y 29). Primero, admiración; después, indignación hacia aquel que se postulaba como líder de la verdad y servidor de las buenas nuevas para el pueblo.

Tanto los objetivos y el alcance del liderazgo de Jesús, como los recursos y el estilo que usaría, fueron presentados en aquella ocasión. Entonces, con lo que dijo e hizo, dejó constancia clara de que el suyo sería un liderazgo con otras características, en nada parecido al de los líderes religiosos de su tiempo (Mt 7.29; 16.6; 23.27, 28) y en mucho distante al de los señores poderosos del imperio (Mt 20.25, 28; Mr 10.42, 45).

Liderazgo integral

El texto que leyó fue uno del profeta Isaías (Is 61.1, 2) donde se declara sin rodeos la pluralidad de su misión y, por ende, el perfil integral de su liderazgo. A los pobres les anunciaría las buenas nuevas, a los cautivos les proclamaría la libertad, a los ciegos les devolvería la vista; a los oprimidos los pondría en libertad y, a todos, sin excepción, les pregonaría el año agradable del Señor. Por ser multifacético, su ministerio no dejaría sin atender ninguna necesidad del existir humano.

En América Latina, por más de treinta años se ha hablado acerca de la misión integral de la iglesia. Se ha dicho que la iglesia debe comprometerse con la satisfacción de las necesidades básicas del ser humano, incluyendo su necesidad de Dios, pero también su necesidad de amor, de consuelo solidario, techo, abrigo, alimento, justicia social, salud física y mental y sentido de dignidad humana. Quizá a este discurso le ha faltado el ir acompañado por modelos de liderazgo que sean coherentes y testifiquen en la práctica lo que significa servir al mundo con una comprensión holística de sus carencias. Jesús ofrece ese modelo.

El liderazgo cristiano no se define por la aplicación de determinadas técnicas de dirección de grupos humanos, sino por una cosmovisión integral acerca de su quehacer misionero en este mundo. En el modelo de Jesús, esta cosmovisión representa uno de los rasgos esenciales de su ministerio.

Los Evangelios, por su parte, cuentan la manera en que Jesús acompañó a sus discípulos hacia el cumplimiento integral de la misión. Los invitó a predicar el advenimiento del Reino y a anunciar la urgencia del arrepentimiento (Mt 4.17); pero también a sanar a los enfermos, a liberar a los cautivos, a servir a los más pequeños y necesitados (Mt 10.5–10), a celebrar la alegría de la redención y a dar testimonio de la gracia soberana de Dios (Lc 6. 27–31). He aquí un secreto de su liderazgo: saber la causa hacia la cual debía convocar a sus discípulos.

Desde esta óptica, la cuestión principal del liderazgo cristiano no radica en la capacidad técnica para ejercer influencia sobre un grupo, sino en saber determinar el objetivo teológico hacia el cual ese grupo debería avanzar. Lo primero es un asunto psicológico o gerencial del cual es responsable el líder, y lo segundo resulta un asunto de orden espiritual que compromete a todo el grupo.

Liderazgo contextual y cotidiano

Por otra parte, en aquel sábado en la sinagoga de Nazaret, Jesús demostró también de qué manera se relacionaría con los suyos. Este es otro asunto vital en el ejercicio del liderazgo. En no pocos tratados sobre el tema se señala la necesidad de que el líder se diferencie de su grupo y adquiera así una necesaria figura de autoridad. Sin diferenciación jerárquica, dicen, no hay liderazgo eficaz. Este resulta ser el típico comportamiento de muchos políticos, empresarios, militares, artistas famosos y también, hay que decirlo, jerarcas religiosos, tanto católicos como evangélicos. Se piensa que el liderazgo es un ejercicio de poder autoritario.

En los años siguientes a la Segunda Guerra Mundial se realizaron los primeros estudios teóricos sobre el liderazgo. En esa época, el enfoque más conocido fue guiado por «la hipótesis del gran hombre». Esta consistía en determinar los rasgos comunes a una lista de personajes de la historia considerados como grandes líderes. Infaltables en ese inventario eran Alejandro Magno, Napoleón Bonaparte, George Washington, Abraham Lincoln, Winston Churchill, Mahatma Gandhi, Benito Mussolini, Adolfo Hitler y Franklin D. Roosevelt, entre otros. Seleccionados los prototipos se procedía a investigar sus características de personalidad para determinar el perfil que un líder debía cumplir en un futuro. Esta escuela ha hecho una penosa carrera en nuestro medio, con el nefasto resultado de «producir» líderes descontextualizados, autoritarios, caudillistas y amantes de su propio carisma. Se decía que era común a los grandes líderes el hecho de mantener una «distancia prudencial» de sus seguidores.

En el caso de Jesús, sucedió lo contrario. A los fieles de la sinagoga los impresionó por «las hermosas palabras que salían de su boca» (Lc 4.22), pero eso nunca significó que no lo reconocieran como uno más del pueblo: «¿No es este el hijo de José?» Jesús era el ungido que había sido investido con todo poder para anunciar las buenas nuevas al pueblo (Lc 4.18) pero, al mismo tiempo, era el paisano de Nazaret que sabía recitar los dichos populares de la gente y dialogar con ellos en el lenguaje más natural y cotidiano.

Examinemos algunos detalles del texto de Lucas. El lugar seleccionado para presentar su ministerio fue su campechana Nazaret (Lc 4.16). La asistencia a la sinagoga no fue un acto extraordinario planificado para impactar a sus conciudadanos; entró en ella, «conforme a su costumbre» (4.16), y el texto profético que leyó le fue asignado por la sinagoga según el orden litúrgico de aquel día (4.16). En su polémica argumentación usó uno de los refranes del pueblo (4.23) y añadió una sentencia personal que no se encontraba en las Escrituras (4.24). Con sobrada razón lo identificaron con su padre, el carpintero y, al final, reaccionaron con furia ante sus pretensiones de mesianismo universal (4.28, 29). ¡Tanta cotidianeidad los irritó!

¿El amor al poder o el poder del amor?[13]

En el meollo de este asunto se encuentra el tema del poder. Jesús fue enfático en presentar el liderazgo como un ejercicio liberador del amor que nos convierte en servidores de los demás. No hay lugar para la ambición personal, ni para las maniobras tácticas, ni para el autoritarismo servil.

Considerado de esta forma, el liderazgo es una actitud consecuente con los valores del Reino de Dios y apunta, antes que nada, hacia la espiritualidad y los principios. Es un don que se recibe por la gracia y no una destreza que se adquiere en los talleres sobre manipulación de los afectos. El liderazgo de servicio se vive cerca de la gente, respondiendo a sus necesidades más profundas y construyendo junto con ella el mañana deseado por Dios. Es un proceso que se vive en comunidad y que depende de la acción soberana del Espíritu Santo (Lc 4.1, 14, 18).

En este modelo de liderazgo no es el líder el protagonista de los hechos, mucho menos el centro de admiración. El líder es el instrumento humano que busca colaborar con el Dios trino en la proclamación de su Reino. Su función no es otra que permitir que la gloria de Cristo resplandezca para alabanza del Padre (Jn 12.28).

---

13. Cf. Harold Segura, El Poder del Amor o el Amor al Poder, Luces y sombras en el ejercicio del poder en las iglesias evangélicas, Ediciones Kairós, 2011.

Como el santo de la historia

Érase una vez un hombre piadoso que hasta los ángeles se alegraban viéndolo. Pero, a pesar de su enorme santidad, no tenía ni idea de que era un santo. Él se limitaba a cumplir sus humildes obligaciones, difundiendo en torno suyo la bondad de la misma manera que las flores difunden su fragancia, o las lámparas, su luz.

Su santidad consistía en que no tenía en cuenta el pasado de los demás sino que tomaba a todo el mundo tal como era en ese momento. Por encima de la apariencia de cada persona, se fijaba en lo profundo de su ser, donde todos eran inocentes y honrados y demasiado ignorantes para saber lo que hacían. Por eso amaba y perdonaba a todo el mundo, y no pensaba que hubiera en ello nada de extraordinario, porque era la consecuencia lógica de su manera de ver a la gente.

Un día le dijo un ángel:
—Dios me ha enviado a ti. Pide lo que desees y te será concedido. ¿Deseas, tal vez, tener el don de curar?
—No, —respondió el hombre— preferiría que fuera el propio Dios quien lo hiciera.
—¿Quizá te gustaría devolver a los pecadores al camino recto?
—No, —respondió— no es para mí eso de conmover los corazones humanos. Eso es propio de los ángeles.
—¿Preferirías ser tal modelo de virtud que suscitaras en la gente el deseo de imitarte?
—No, —dijo el santo— porque eso me convertiría en el centro de atención.
—Entonces, ¿qué es lo que deseas? —preguntó el ángel—.
—La gracia de Dios —respondió él—. Teniendo eso, no deseo tener nada más.

—No, —le dijo el ángel— tienes que pedir algún milagro, de lo contrario se te concederá cualquiera de ellos, no sé cuál.

—Está bien. Si es así, pediré lo siguiente: deseo que se realice el bien a través de mí sin que yo me dé cuenta.

De modo que se decretó que la sombra de aquel santo varón, con tal que quedara detrás de él, estuviera dotada de propiedades curativas. Y así, cayera donde cayera su sombra —y siempre que fuese a su espalda—, los enfermos quedarían curados, el suelo se haría fértil, las fuentes nacerían a la vida y recobrarían la alegría los rostros de los agobiados.

Pero el santo no se enteraba de ello, porque la atención de la gente se centraba de tal modo en su sombra que se olvidaban de él; de este modo se cumplió con creces su deseo de que se realizara el bien a través de él y se olvidaran de su persona.

Bien dice el salmo: «La gloria, Señor, no es para nosotros; no es para nosotros, sino para tu nombre ...» (Sal 115.1). Esa debe ser la búsqueda del liderazgo cristiano: que la gloria de Cristo se haga visible y su nombre sea exaltado.

Preguntas para la reflexión y el diálogo

La espiritualidad y el liderazgo
en nuestra experiencia diaria

1. *Del liderazgo todos hablan:* pensando en el medio académico y empresarial, ¿cuáles son algunos de los grandes principios que están en boga acerca del liderazgo? ¿Qué enseñan los expertos del tema?

2. *Y en la iglesia:* ¿Qué se enseña en nuestra comunidad de fe acerca del liderazgo (en su enseñanza explícita o implícita)? ¿Qué tanto de lo que enseñamos y creemos en la iglesia acerca del liderazgo está sustentado en el modelo de Jesús?

3. *Preocupaciones no faltan:* ¿Cuáles son nuestras principales preocupaciones en cuanto a la forma en que se ejerce el poder y la autoridad en los medios cristianos?

Nos dice la Biblia

1. Leer el pasaje ya citado de Mateo 20.20-28 con el de Juan 13.1-17. ¿Cuáles son algunos de los principios acerca del liderazgo y de la autoridad que repite Jesús en los dos textos? ¿Cuáles son los complementos que agregan en el pasaje de Juan?

2. En el mismo pasaje de Juan, ¿qué se dice en cuanto a la relación entre liderazgo y servicio, entre servicio y entrega, y entre entrega y redención?

Desafíos para nuestra espiritualidad
y nuestra manera de ejercer el liderazgo

1. ¿Qué testimonio recordamos acerca de personas que han sido modelos cristianos de liderazgo de servicio? ¿De qué manera esas

personas han expresado con sus vidas la unión que existe entre espiritualidad y liderazgo?

2. ¿Qué necesitamos mejorar en la vivencia de nuestra espiritualidad cristiana para que nuestro ejercicio del poder y de la autoridad sean más consecuentes con el modelo del Jesús servidor y humilde?

Algo más acerca del liderazgo de servicio

(Bartolomé de las Casas: un modelo histórico)

Siendo sinceros, poco es lo que hay para aprender de nuestros gobernantes latinoamericanos acerca del liderazgo de servicio. Lo que la mayoría de ellos ha buscado no es más que ser servidos y aprovechar para sus propios intereses su breve —a veces demasiado largo— paso por el poder. Sus vicios los han hecho similares a los mandatarios que describió Jesús: «Oprimen a los súbditos, y los altos oficiales abusan de su autoridad» (Mt 20.25). Por eso, de ellos no hablaremos. Tampoco lo haremos acerca de muchos que hoy se hacen llamar en las iglesias «siervos del Señor» pero que, al igual que los anteriores, «abusan y oprimen» a la congregación. El apóstol desacreditó a muchos dirigentes de las iglesias de su época cuando se refirió a ellos como personas con la mente depravada que «piensan que la religión es un medio de obtener ganancia» (1Ti 6.6). Pedro, por su parte, recomendó a los servidores de las iglesias que cuidaran «como pastores el rebaño de Dios que está a su cargo», y que no lo hicieran «por obligación ni por ambición de dinero, sino con afán de servir como Dios quiere», y agregó que no fueran «tiranos con los que están a su cuidado, sino [que fueran] ejemplos para el rebaño» (1P 5.2-3).

En pos de un modelo que nos sirva como ejemplo de lo que significa el liderazgo de servicio, diremos algo acerca de un cristiano —íntegro e integral— del siglo 16: Bartolomé de las Casas, una de las figuras más discutidas de la conquista española de América. A una breve presentación biográfica le seguirán una de las citas más lúcidas en las que el fraile dominico deja ver su talante profético de líder servidor.

Apóstol de los indios [14]

De las Casas nació en Sevilla en 1484. En Salamanca estudió derecho canónico. Su padre, un modesto mercader oriundo de Tarifa (Cádiz), viajó con Cristóbal Colón en su segundo viaje en 1492 y, en agradecimiento, el almirante le obsequió un esclavo. Este hecho conmovió a Bartolomé siendo aún niño. Teniendo 18 años, y siguiendo la tradición familiar, viajó al Nuevo Mundo acompañando al conquistador Gonzalo Fernández de Oviedo.

Su primer asentamiento se produjo en La Española, donde se convirtió en encomendero (vieja institución feudal por la que se entregaba una comunidad indígena a un español; este sacaba provecho económico a cambio de «españolizar» la comunidad y adoctrinarla en la fe). En el año 1507 regresó al viejo mundo y fue a Roma, donde recibió la ordenación como sacerdote (diocesano). Se le considera el primer sacerdote ordenado en América. En 1510 llegaron los primeros dominicos bajo la dirección de Pedro de Córdoba, a quien Bartolomé sirvió como intérprete en sus predicaciones a los indios. Ese mismo año, Antonio de Montesinos predicó el famoso sermón en el que preguntaba con acento de profeta airado: «¿Y acaso estos no son también personas?», palabras que impactaron a Bartolomé, aunque aún no estuviera de acuerdo con esa doctrina.

En la primavera de 1512, tras vender su hacienda, se embarcó hacia Cuba para acompañar la gesta conquistadora de la isla; fue en

---

14. Para un extenso y detallado estudio sobre Bartolomé de las Casas, ver Gustavo Gutiérrez, *En busca de los pobres de Jesucristo*, Instituto Bartolomé de las Casas y CEP, Lima, 2003, p. 694.

calidad de capellán del ejército y recibió una encomienda que atendió hasta 1514. Durante esta etapa fue testigo directo y copartícipe del mal trato a que eran sometidos los indígenas. Al convivir con ellos, reflexionó sobre la forma como se atentaba contra su dignidad, y de qué manera los que se llamaban cristianos se sumaban a las ofensas. En la celebración de Pentecostés de 1514 renunció en público a sus encomiendas y comenzó a predicar contra aquel sistema. Renunció a los indios de su repartimiento por razones de conciencia, convencido de que debía «procurar el remedio de estas gentes divinamente ordenado». Sentía que el Señor le había llamado a defenderlos y a clamar en contra de los abusos. Consideraba que los únicos dueños del nuevo mundo eran los indígenas y que la única tarea de los españoles era predicar el evangelio con amor y sin abusar de ellos. Desde entonces predicó en contra de las encomiendas.

En 1516 viajó con Montesinos a Sevilla con el propósito de «amonestar al rey», hacerle saber que la conquista estaba acabando con las personas nativas, y solicitarle cambios profundos. Cuando murió el rey Fernando, presentó sus escritos acerca de los «abusos» y «remedios» al cardenal Cisneros, pidiendo que los indígenas vivieran en pueblos con tierras comunes, organizados por un administrador y pagando tributos a la corona. Entonces fue nombrado *protector de los indios*. Tantas denuncias atrajeron la enemistad, en especial, del Consejo de Indias, presidido por el obispo Juan Rodríguez de Fonseca.

Un año después, en 1517, presentó al nuevo rey Carlos I un proyecto para que el continente fuera repoblado por labradores y no por soldados. Este plan no tuvo éxito. Frustrado, decidió ingresar a la Orden de los Dominicos en Santo Domingo, capital de La Española. Durante seis años estudió teología, patrística y Biblia. Después fue nombrado prior en Puerto Plata, lugar desde donde escribió muchas cartas al Consejo de Indias en contra del maltrato a los nativos. Gracias a estas presiones, en 1530 se promulgó una ley prohibiendo la esclavitud de los indios. Tanto sus sermones como sus consejos en el confesionario fueron considerados «indebidos» y como resultado de las quejas se le prohibió predicar por dos años.

En 1531 fue trasladado a Santo Domingo debido a que sus superiores en Puerto Plata no lo querían tener más tiempo en este lugar. A finales de 1534 intentó viajar al Perú junto a tres dominicos más para defender a los indios y fortalecer las actividades de su orden religiosa. Una serie de dificultades impidieron este viaje y, en lugar de ello, estuvo en Panamá, Nicaragua y México (1536). Después pasó a Guatemala donde no alcanzó a vivir dos años. Allí redactó una de sus más importantes obras: «Del único modo de atraer a todos los pueblos a la verdadera religión». De este texto tomaremos más adelante varias citas áureas acerca de lo que significa el liderazgo servidor.

A finales de 1539 volvió a España para buscar más misioneros que apoyaran su causa. En 1542 logró la expedición de las Leyes Nuevas cuyas disposiciones estaban en contra de los intereses de los encomenderos. Estos se unieron en contra de Bartolomé y tres años después lograron la derogación de estas leyes. Su pensamiento era, sin duda, atrevido, progresista y valiente. Propuso que era mejor que los indígenas anduvieran desnudos y adoraran a sus dioses a que fueran destruidos con guerras crueles y despojados de sus tierras, de sus valores y de su dignidad. Se preguntaba quiénes eran más feroces e inhumanos. Con razón, en España fue acusado de traidor y antipatriota.

Fue elegido obispo para Cuzco, Perú, pero rechazó la designación diciendo que lo que buscaba era servir a Dios y al rey, sin recompensa alguna. Poco después, y con no pocas presiones, aceptó ser obispo en Chiapas, siendo consagrado en Sevilla en 1544.

Llegó con 45 frailes dominicos y un equipo de laicos de 5 personas, el mayor contingente misionero jamás reunido hasta entonces. Quería hacer una diócesis modelo. Vivía pobremente, vestido con hábito blanco, comiendo poco para no recargar sobre las gentes ... Y tuvo el consuelo de que ya otros frailes, como los franciscanos, aceptaban sus ideas liberadoras. [15]

Pero debió renunciar en 1547 debido a las persecuciones emprendidas por sus enemigos que amenazaron incluso con matarlo.

Su regreso definitivo a España se produjo en 1547; entre 1550 y 1551 refutó la tesis de Juan Ginés Sepúlveda (teólogo esclavista), quien defendía la tesis absurda de que los europeos eran superiores y, por lo tanto, se les debía conceder el permiso para atacar a los nativos en una guerra abierta. Resultó doloroso para Bartolomé darse cuenta en 1558 de que los dominicos que trabajaban en Guatemala habían aceptado el uso de las armas para someter a los indígenas de la región de Lacandona y Puchutla. Esta forma anticristiana de proceder representó, en cierta medida, el aparente fracaso de una misión a la cual le había consagrado tantos esfuerzos.

De las Casas pasó sus últimos años en Madrid. Había terminado varias de sus obras más importantes, entre ellas su «Brevísima relación de la destrucción de las Indias» y su «Historia de las Indias», en las que denunciaba la crueldad de los españoles y ponía en tela de juicio su identidad como cristianos. ¿Cómo se podían llamar seguidores de Jesús actuando con tanta irracionalidad? Escribió también en la etapa final de su vida varios memoriales, así como una obra que tituló «De *thesauris*» en la que condenaba el supuesto derecho de propiedad de los tesoros obtenidos por el rescate del inca Atahualpa, como de los encontrados en los sepulcros y otros lugares de los indígenas. En los primeros meses de 1564 redactó su testamento y escribió un memorial al Consejo de Indias clamando por justicia. Sostuvo numerosos debates en España acerca de la naturaleza de

---

15. *La Insignia*, diario digital iberoamericano, sección cultura, 11 de abril de 2002.

los indígenas contra quienes afirmaban que estos no tenían alma ni usaban plenamente su razón.

El 17 de julio de 1566 murió en el Convento de Atocha, en Madrid. Sus restos fueron llevados más tarde al convento dominico de San Gregorio de Valladolid. El nombre de Bartolomé de las Casas aparece en la extensa lista de insignes cristianos de todos los tiempos que, convencidos de su misión profética y pastoral, entregan su vida para servir a la causa de los más débiles. Durante su vida

> ... fue sucesivamente sacerdote, fraile, obispo, obispo jubilado y estadista en la Corte. Defendió la causa de los indios ante cuatro soberanos españoles; influyó en las decisiones de tres papas; fue ayudado por oficiales, juristas, caciques nativos. Escribió miles de páginas, compareció ante incontables comisiones, redactó leyes protectoras, cruzó el Atlántico no menos de diez veces. En total, Bartolomé de las Casas consumió «cincuenta años mortales» dirigiendo quizá el mayor esfuerzo para los derechos civiles y la justicia racial en la historia de la humanidad.[16]

No hay otro modo [17]

Sobre sus convicciones de servicio, citaremos a continuación uno de sus textos ejemplares. De las Casas presenta cinco condiciones que deben existir para que la predicación del evangelio cumpla su objetivo. Son, según el dominico, «cinco partes integrantes o esenciales que componen o constituyen la forma de predicar el evangelio de acuerdo con la intención y el mandato de Cristo». Son las siguientes:

---

16. Helen Rand Parish, citado por *La Insignia*, ibid.
17. Bartolomé de las Casas, *Del único modo de atraer a todos los pueblos a la verdadera religión*, Fondo de Cultura Económica, México, 1992 (1ª reimpresión), pp. 33-34, 237-254.

Primera: «Que los oyentes, y muy especialmente los infieles comprendan que los predicadores de la fe no tienen ninguna intención de adquirir dominio sobre ellos ...». Bartolomé, al enunciar esta primera condición, se apoya en las palabras dichas por Juan Crisóstomo (siglo 5) en una de sus conocidas homilías; él «nunca usó del lenguaje de adulación, ni hubo en su predicación ningún engaño, cosa propia de los seductores que pretenden invadir y dominar».

Segunda: «Que los oyentes, y sobre todo los infieles, entiendan que no los mueve a predicar la ambición ... ni ningún pretexto de avaricia».

Tercera: «Que los predicadores se muestren de tal manera dulces y humildes, afables y apacibles, amables y benévolos al hablar y conversar con sus oyentes, y principalmente con los infieles, que hagan nacer en ellos la voluntad de oírlos gustosamente y tener su doctrina en mayor reverencia». Y citando a Crisóstomo agrega que los predicadores no deben dejar «señal de nada que fuera oneroso, de nada que fuera molesto, de nada que fuera pesado, de nada que dejara ver superioridad».

Cuarta: «Que la predicación les sea provechosa por lo menos a los predicadores; esto es, que tengan el mismo amor de caridad con el que Pablo amaba a todos los hombres del mundo a fin de salvarlos. Y notemos que son hermanas de esta caridad, la mansedumbre, la paciencia y la benignidad.» Bartolomé consideraba esta parte como «más necesaria que las anteriores».

Quinta: Los predicadores deben dar un testimonio de vida ejemplar para que sea claro ante todos sus oyentes que su predicación es santa y justa, como lo enseña el apóstol Pablo. Acerca de llevar una vida santa, dice que esto tiene que ver «con el prójimo, con quien se ha de obrar de una manera debida y no indebida... sin ofender a nadie».

Hasta aquí sus consideraciones para la predicación del evangelio. Para fray Bartolomé, *el mensaje es el mensajero*. El predicador debe vivir la verdad que predica y dar testimonio del amor de Dios con sus acciones. ¡Cuán chocante debieron sonar estas palabras a sus misioneros, quienes imponían la verdad con la fuerza del despotismo y con el silencio impuesto por sus armas! Bartolomé demostró que la predicación servicial, pacífica y amorosa fue el método empleado por los cristianos primitivos para proclamar el evangelio; demostró con su vida y su obra que no es posible ser un líder cristiano que no sea sirviendo al prójimo en el nombre de Jesús y renunciando a las falsas ambiciones del «poder sacralizado».

3

« Huye, calla
y permanece en oración »

Espiritualidad y liderazgo
en los Padres del desierto egipcio

> En este lugar [en el monaquismo], en la periferia de la
> Iglesia, se mantuvo la idea de que la gracia es cara, de
> que la gracia implica el seguimiento.
>
> *Dietrich Bonhoeffer* [1]

Han pasado más de quince siglos desde cuando ocurrió esta historia: un gran teólogo fue un día a buscar a un venerable anciano conocido por su profunda espiritualidad. Lo buscó para conversar con él acerca de las cosas que más le inquietaban, como el cielo, Dios, la eternidad, el misterio de la Trinidad y otros temas de esos que suelen entretener la mente inquieta de los teólogos. El anciano, de nombre Poimén, escuchó con atención a su visitante, pero sin responder ni siquiera una palabra. Así transcurrió el tiempo. El teólogo reflexionaba y preguntaba mientras el venerable hombre guardaba intacto su silencio. Decepcionado, el

---

1. Dietrich Bonhoeffer, *El precio de la gracia*, Sígueme, Salamanca, 1986, p. 18.

teólogo se dispuso a regresar a casa, cuando uno de sus acompañantes se acercó al anciano y le dijo:

> «Padre, este gran hombre, que en su región goza de tanto prestigio, ha venido desde lejos sólo por el deseo de escucharlo y de conocer sus respuestas. ¿Por qué has guardado silencio?». El anciano le respondió: «Él está en las alturas y habla de cosas celestiales; yo, en cambio, pertenezco a los de abajo y trato de cosas terrenales. Si él hubiera hablado de las pasiones del alma, yo le hubiera contestado gustosamente. Pero como habla de cosas tan espirituales, yo de eso no entiendo». [2]

Como esta, existen cientos (aproximadamente 1000) de pequeñas historias, frases llamativas, dichos y ejemplos llenos de profundas lecciones espirituales y de desconcertantes enseñanzas acerca de lo que significa vivir la fe y seguir a Jesucristo. A esas historias y dichos se les conoce como *Apotegmas*, y tienen una larga historia ligada a los ermitaños del Cercano Oriente que vivieron entre los siglos 3 al 6 de nuestra era.

Antonio, el primero

Todo comenzó en el año 270 d. C. Con Antonio, un joven de más o menos 20 años que un día, mientras participaba en la liturgia, escuchó la voz del Señor que le repetía lo que dice el Evangelio: «... vende todo lo que tienes y dáselo a los pobres, y tendrás tesoro en el cielo. Luego ven y sígueme» (Mr 10.21). Esta experiencia transformó la vida de Antonio. Sus padres acaudalados habían muerto no hacía mucho, y él había heredado una propiedad de más de 800.000 m^2 de tierra fértil y hermosa. Donó todas las posesiones a los pobres, recluyó a su hermana en un convento y buscó la guía espiritual de un anciano solitario. Primero se fue a vivir su vida ascética cerca de su

---

2. Anselm Grün, *La sabiduría de los padres del desierto*, Sígueme, Salamanca, 2001, p. 21.

casa, luego salió de Coma, la ciudad donde había nacido, y más tarde cruzó el río Nilo buscando un lugar aún más retirado donde habitó por veinte años y desarrolló una espiritualidad novedosa, muy atractiva para muchos de sus contemporáneos. Después, en el año 312, se retiró al Monte Colzim, cerca del Mar Rojo, donde recibía visitas de personas que querían escuchar sus enseñanzas y recibir sus consejos.

Antonio se encerró para vivir una vida a solas con Dios. Allá, en la soledad, se encontró consigo mismo y libró una batalla feroz con los demonios de su propio corazón, de la que salió victorioso por la ayuda de Dios. Sus visitantes fueron testigos del cambio operado: la soledad no lo volvió una persona huraña, ni taciturna, ni de ánimo cambiante; por el contrario, dice su biógrafo Atanasio (296-373), obispo de Alejandría:

> El estado de su alma era puro, pues no estaba ni encogido por la aflicción, ni disipado por la alegría, ni penetrado por la diversión o el desaliento. No se desconcertó cuando vio la multitud ni se enorgulleció al ver a tantos que lo recibían. Se tenía completamente bajo control, como hombre guiado por la razón y con gran equilibrio de carácter. [3]

Era un hombre de «sabiduría divina», lleno de «gracia y cortesía», aunque nunca aprendiera a leer o escribir. [4] De esta manera, Antonio fomentó una nueva escuela de espiritualidad a la que se acogieron muchos cristianos de su época deseosos de imitar su ejemplo y vivir su fe con mayor intensidad. Al finalizar el siglo 4, abundaban los ermitaños en los desiertos de Egipto y de Siria; es a estos a los que se les conoce como Padres del desierto egipcio, entre los que, además de Antonio, también están: Pacomio, Arsenio, Macario, Agatón, Poimén, Pambo, Silvano, Besarión y Evagrio Póntico, en-

---

3. San Atanasio, *Vita Antonii*, Biblioteca Electrónica Cristiana: www.multimedios.org/docs/d000464/p000004.htm#h1

4. Johannes Quasten, *Patrología II*, Biblioteca de Autores Cristianos, Madrid, 1994, p. 162.

tre otros; y entre las mujeres: Sinclética, Teodora, Alejandra, Asella, Macrina, Tecla de Iconio y Atanasia.

El desierto se tornó en una alternativa de discipulado radical. El cristianismo había sido declarado religión del estado. En el año 313, Constantino, el Grande, junto a Licinio, habían decretado plena tolerancia por medio del Edicto de Milán. A partir de ese momento, la iglesia quedó ligada a los beneficios del poder imperial; y junto al poder, vino la ruina de la autenticidad de la fe. Los intereses políticos se unieron a los intereses eclesiásticos; las persecuciones cesaron, la fe se instaló en las poltronas del imperio, y los cristianos sucumbieron ante la tentación de la popularidad. De allí que la fuga al desierto fuera considerada como una alternativa válida para seguir a Jesús de una manera fiel y diferente. Este contexto podría ser una de las posibles explicaciones para que los nuevos monjes y monjas encontraran en los desiertos una alternativa de vida cristiana más fiel al Evangelio. Las razones históricas siguen siendo materia de investigación. David González Gude, uno de los estudiosos del tema, afirma que "sobre el nacimiento mismo de este movimiento, nuestra documentación está reducida al máximo".[5]

Para no naufragar

Para estos nuevos monjes, la sociedad, como bien lo señala Thomas Merton,

> ... era contemplada por ellos como un naufragio, y cada particular individuo tenía que nadar para salvar su vida... Eran hombres que creían que dejarse ir a la deriva, aceptando pasivamente los principios y valores de lo que conocían como la sociedad, era pura y simplemente un desastre. El hecho de que el Emperador fuese ahora cristiano y el mundo comenza-

---

5. David Gonzáles Gude, Apotegmas de los padres del desierto, Biblioteca de Autores Cristianos, Madrid, 2017, p. XII.

se a considerar la Cruz solo como un signo de poder temporal, no hacía más que fortalecer su resolución. [6]

Huyendo al desierto oponían resistencia y no permitían que su fe sucumbiera ante las tentaciones del poder estatal.

Hubo también quienes se fueron al desierto a manera de protesta por las condiciones injustas y opresivas que imponían las autoridades romanas. Todo esto hace más llamativo el hecho de que el emperador Constantino y sus hijos Constante y Constancio mantuvieran correspondencia con Antonio a quien le escribían «como si fuera un padre para ellos, esperando recibir de él respuesta. Sin embargo, no les hizo mucho caso, ni tampoco se entusiasmó con las cartas».[7] A los monjes les decía:

> No penséis que sea una maravilla que un emperador nos escriba porque él también es mero hombre. Maravillaos, más bien, de que Dios nos haya dado su ley y nos haya hablado por medio de su propio Hijo.[8]

En contra de la corriente

Al desierto huyeron tanto hombres como mujeres; es decir, hubo *Abbas* y *Ammas*, o padres y madres. A partir de estos siglos muchas mujeres se instalaron alrededor de todo el mundo mediterráneo, y hacia el norte de Galia, y más tarde en Irlanda y Bretaña. Los lugares preferidos para ellas estaban

> ... a un día de caminata de un pueblo pequeño con el fin de mantener algún tipo de contacto fuera de la comunidad.

---

6. Thomas Merton, *La sabiduría del desierto*, Biblioteca de Autores Cristianos, Madrid, 1997, pp. 12-13.

7. Citado por Juan Driver en *La fe en la periferia de la historia*, CLARA-Semilla, Guatemala, 1997, p. 74.

8. *Ibid.*, p. 74.

Lugares comunes eran cuevas, ruinas de edificios antiguos, tumbas familiares, islas, promontorios costeros y las tierras inhóspitas del norte. [9]

Mujeres de la realeza a menudo formaban comunidades monásticas y las conducían ellas mismas.

La vida de estos habitantes del desierto era sencilla. La mayoría derivaba su sustento diario del trabajo artesanal. Tejían cestas y esteras que luego vendían para cambiar por aceite y pan. Mientras tejían recitaban un salmo, oraban o aprendían de memoria porciones de la Biblia. En cuanto a la dieta de la mayoría de monjes, nos dice el historiador Justo González que «consistía en pan y, a veces, frutas, legumbre y aceite». Y agrega:

> Sus posesiones no eran más que los vestidos más necesarios y una estera para dormir. La mayoría de ellos veía mal la posesión de libros, pues ellos podrían alimentar el orgullo. Unos a otros se enseñaban de memoria libros enteros de las Escrituras —particularmente los Salmos y el Nuevo Testamento—.[10]

Llevaron una vida contraria a la que se observaba en los habitantes de las ciudades romanas, incluso en los jerarcas de la gran Iglesia que ya gozaban de tantos favores del poder. Escogieron un camino al que denominaron de *desapego*, ávidos de encontrar la libertad interior, de experimentar la presencia de Dios y de ser como Cristo.

Acerca del origen de la vida monacal no hay acuerdo. Algunos, como san Jerónimo, encuentran un precedente bíblico en la escuela de profetas en el Antiguo Testamento (1R 2; 2R 2-7). También se suele apelar a la institución de los Nazareos (Nm 6.1-21) por su

---

9. Laura Swan, *Las madres del desierto*, Sudamericana, Buenos Aires, 2003, p. 20.
10. Justo González, *Historia del cristianismo*, tomo 1, Unilit, Miami, 1994, p. 156.

sentido anárquico e informal; y a Juan el Bautista, por razones obvias. Por otra parte, se sabe que el judaísmo, matriz del cristianismo, tenía monjes; de esto dan prueba los esenios y la comunidad de Qumrán. Además de las fuentes judeocristianas, se deben sumar las influencias de la filosofía griega, como es el caso de los pitagóricos, quienes se desarrollaron y se expandieron como un modo de vida religioso. También de los griegos heredaron la vinculación de la ascesis y la mística, de la razón y la contemplación. «El mismo vocabulario ascético, tan rico, procede en gran parte de la filosofía popular helénica».[11] Los llamados Padres de la iglesia, Clemente y Orígenes, fueron quienes más inspiración les aportaron; también, la tradición neoplatónica. De todas estas fuentes bebieron, quizá de otras más, tras el deseo de saciar su sed de eternidad y de practicar una espiritualidad plena y liberadora.

Los hombres y mujeres del desierto lucharon contra sus pasiones y vivieron en permanente alerta contra la ira, el orgullo, la concupiscencia y la impaciencia. Sus ideales fueron la humildad, la caridad, la discreción, la pureza y el dominio de sí mismo. Henry J. M. Nouwen se pregunta: ¿Quiénes eran estos padres y madres del desierto? Y responde que eran

> ... hombres y mujeres que se apartaron de las compulsiones
> y manipulaciones de sus sociedades hambrientas de poder,
> para luchar contra los demonios y encontrar al Dios de amor
> en el desierto. [12]

Escogieron la *soledad*, el *silencio* y la *oración* como una forma de dar testimonio de Jesús. En su peregrinaje nos legaron una espiritualidad que quince siglos después sigue actual y nos comunica

---

11. Grün, *op. cit.*, p. 12.
12. Henry J. M. Nouwen y Yushi Nomura, *La sabiduría del desierto*, Claretiana, Buenos Aires, 2002, p. 18.

un mensaje de radicalidad, serenidad, honestidad con uno mismo y sed de Dios. Nos corresponde ahora estudiar la esencia de ese legado.

¿Cómo he de salvarme?

A diferencia de otros movimientos espirituales, los Padres y las Madres del desierto no escribieron voluminosos tomos de teología, ni siquiera breves sistematizaciones de su propuesta de espiritualidad. Ese no fue su camino. Escogieron una doctrina tan sencilla como profunda que brotaba de sus experiencias cotidianas en contacto con Dios y con ellos mismos. De esa doctrina hecha experiencia se heredaron penetrantes verdades para la espiritualidad cristiana de todos los tiempos. Se pueden destacar algunas de ellas.

Para comenzar, digamos algo acerca de su *soteriología encaminada a la vida presente*. Muchas de las enseñanzas recogidas en los *Apotegmas* presentan, de alguna manera, la pregunta por la salvación: ¿Cómo me salvaré? ¿Cómo lograré la salvación? ¿Qué hay que hacer para salvarse? Preguntas llenas de santa angustia que surgían desde el momento mismo de empezar el camino espiritual, como fue el caso del abad Euprepios. Así lo confirma la siguiente historia:

> Euprepios, al comenzar su vida monástica, fue a visitar a un anciano y le dijo: «Padre, dime una palabra para que me salve». El anciano le respondió: «Si quieres salvarte, cuando vayas a ver a alguna persona, no hables antes de que él te pregunte». Euprepios, muy compungido por estas palabras, pidió perdón al anciano y le dijo: «Créeme, he leído muchos libros y en ninguno de ellos encontré tanta sabiduría». Y se marchó habiendo recibido mucho provecho. [13]

Esta insistencia en la salvación estaba unida a su interés por cómo vivir la fe cada día y cómo agradar a Dios en todo. En las so-

---
13. Lucian Regnault, *Las sentencias de los padres del desierto*, Descleé de Brouwer, Bilbao, 1989, p. 18.

ledades del desierto, la salvación no era un bien ultraterreno del que debían ocuparse las almas desencarnadas, sino un asunto relacionado con la vida cotidiana. Para ellos, nos dice Lucian Regnault, salvarse «no es tan solo escapar del infierno, es escapar desde aquí abajo de todo lo que conduce al infierno: el pecado, el diablo, el mundo en el sentido bíblico».[14] Es un deseo de ser libre frente al pecado y de ser más semejantes a Jesús, aquí y ahora, no más tarde. Era un deseo que se convertía en obsesión, como se capta en la petición de Teodoro de Fermo cuando dice: «¡Dime una palabra, que perezco!», lo cual quiere decir «¡Tírame una tabla de salvación, que me ahogo!». Es un grito angustiado de un náufrago que no quiere otra cosa más que su vida. Y en el desierto eso era lo que se buscaba con más intensidad: salir con vida, encontrar la salvación y ser libre del desastre del pecado presente. Ser monje y ser salvo eran una misma cosa. Las dos tenían que ver con emancipación y con servicio.

Cuando los ancianos y las ancianas recibían a un visitante, a quien recibían era a un creyente apasionado por Dios y ávido de respuestas para consagrarse más a él. Por eso, en sus sentencias no había lugar para las divagaciones conceptuales, ni mucho menos para la especulación teórica. El camino de la salvación no era, según ellos, retórico ni abstracto; tenía que ver con la *praxis* del evangelio y la resistencia al pecado en todas sus formas. El anciano ermitaño era, en este sentido, un especialista en la salvación porque era «un hombre o una mujer de Dios». ¡Eso bastaba!

A la pregunta por su salvación encontraron respuestas que apuntaban a los asuntos de la vida cristiana de cada día, como la práctica de la caridad, la lucha contra el temor, el dominio de sí mismo, el ejercicio de la humildad, el control de la ira, la actitud vigilante frente a los apetitos humanos, y otros temas que conforman la vida santa. Para ellos, nada había mejor que el ejemplo de una vida conforme al corazón de Dios. Una vida así era el mejor sermón, in-

---

14. *Ibid.*, p. 19.

cluso para convertir a los paganos, como lo cuenta esta historia en la que se ejemplifica el valor del desprendimiento y la paciencia:

> Una vez, unos bandidos llegaron al eremitorio de un anciano y le dijeron: «Hemos venido para llevarnos todo lo que hay en esta celda». Él les dijo: «Todo lo que vean, hijos míos». Cargaron con todo lo que encontraron y se fueron. Dejaron una bolsa que estaba escondida, por lo que el anciano la recogió y corrió tras de ellos, gritando: «¡Muchachos, tomen esto que olvidaron!». Ellos se impresionaron muchísimo con la paciencia del anciano y devolvieron todo a la celda. Todos se arrepintieron y se decían unos a otros: «Este es realmente un hombre de Dios». [15]

Salvación y sabiduría confluían en una sola verdad. Ser sabio y tener la salvación era una misma aspiración; y ser sabio era un logro de los que obedecen a Dios en su diario vivir. Eso afirmaba *Abba* Hipérico cuando decía: «El que enseña a otros con el ejemplo más que con las palabras, es en verdad un sabio». [16]

Descenso kenótico

Ahora mencionemos otro legado, el de la *espiritualidad centrada en el conocimiento de sí mismo*. Éste es uno de los más significativos aportes a la espiritualidad de todos los tiempos. Para los Padres y Madres del desierto, el camino para ascender hacia las alturas inmaculadas de Dios pasa primero por la necesidad de descender hacia las profundas y oscuras realidades de nosotros mismos. Esta es una ruta distinta a la que han ofrecido hasta ahora las grandes escuelas de espiritualidad moralizante, tanto católicas como evangélicas. Por lo general, éstas enseñan que la espiritualidad tiene como punto de partida los ideales que hemos de alcanzar, es decir, la pureza, la

---

15. Jeremías Baruch Ortega, *100 dichos de los padres del desierto*, LIL, Costa Rica, 1990. p. 54.
16. *Ibid.*, p. 32.

templanza, la bondad, la paciencia, la paz, el gozo, mientras se vence la concupiscencia, el egoísmo, la impaciencia, la ira y la sexualidad descontrolada. Esta visión, aunque noble y muchas veces útil para reafirmar el marco de los valores morales de la fe, también muchas veces pasa por encima de nuestra propia realidad, desconociendo las debilidades y tratando de obviar las limitaciones propias del ser humano.

La vida cristiana, por este camino de la espiritualidad tradicional, suscita la distancia entre lo ideal y lo real. Se parte de lo perfecto de Dios con la aspiración de llegar a transformar por completo lo imperfecto del ser humano. Su punto de partida está arriba, en los ideales establecidos por Dios, y desde allí se le dicta a los seres humanos aquello que deben lograr. Aquí abajo nos queda soñar con esos ideales y procurar formas cristianas de ascender hasta ellos. Unas veces, la oración, y otras, el ayuno; unas veces, con más sacrificios que otras, pero siempre tras el señuelo de la perfección, de la santidad sin tacha y de estar más cerca de Dios. Esta teología espiritual, de manera particular ha estado presente en los tres últimos siglos y en la ascética enseñada desde la ilustración..[17] Es una espiritualidad que refleja el anhelo humano de perfección aunque desemboque en perfeccionismo mortificante y corra el riesgo de la desintegración interna del sujeto. Tenemos de nuestra parte a la psicología moderna para explicar de qué manera los valores idealizados pueden actuar en contra nuestra, cuando por ellos perdemos contacto con la realidad; entonces se desdobla la personalidad y el individuo enferma. ¡Cuántas veces, tras una máscara de santidad, se esconde un rostro rígido, intolerante con el prójimo y agresivo consigo mismo! [18]

---

17. Anselm Grün y Meinrad Dufner, *Espiritualidad desde abajo, El diálogo con Dios desde el fondo de la persona*, Narcea, Madrid, 2202 (2ª ed.), p. 8-9.
18. Muy útil al respecto resulta la lectura de Wayne E. Oates, *Tras las máscaras, Desórdenes de la personalidad en el comportamiento religioso*, Casa Bautista de Publicaciones, El Paso, 1989, p. 143.

El peligro de la espiritualidad desde arriba, señala Anselm Grün (monje alemán, psicólogo experto y escritor prolífico),

> ... consiste en hacerse a la idea de que se puede llegar a Dios por el propio esfuerzo... Lo paradójico consiste en que todo esfuerzo nos lleva a constatar que, con él solo, nadie puede hacerse mejor ni llegar a Dios. No podemos lograr solos el ideal que amamos. En un momento dado, llegamos a tocar techo en nuestras posibilidades y a comprobar allí que solos fracasaremos irremediablemente y que únicamente la gracia de Dios puede cambiarnos. [19]

El mismo Grün nos invita a pensar en una espiritualidad más bíblica y saludable a la que llama *espiritualidad desde abajo*. Esta espiritualidad es la que modelaron los viejos sabios y sabias de los desiertos egipcios. Una espiritualidad que nos invita a descender primero al *oscuro fondo de nosotros mismos,* y a encontrarnos en él con la cruda realidad de nuestro ser necesitado, para luego clamar el auxilio de Dios y abrirnos a su gracia salvadora. Primero la muerte, después la resurrección. Es el mismo principio del grano de trigo del que nos enseñó Jesús: «... si no cae en tierra y muere, se queda solo. Pero si muere, produce mucho fruto» (Jn 12.24). O, en términos de la cristología del Nuevo Testamento, es aplicar a la espiritualidad el descenso *kenótico* de Jesús, quien primero descendió «a las partes más bajas» (Ef 4.9) para después poder ascender «por encima de todos los cielos, para llenarlo todo» (Ef 4.10). ¡He aquí el gran principio de la redención: descender para ascender! Y en el desierto, los primeros monjes lo interpretaron con sumo acierto para su vida espiritual: era necesario bajar a la propia realidad para después subir a Dios.

---

19. Grün y Dufner, *op. cit.*, p. 17.

El abad Antonio enseñaba: «Si veis a un joven monje escalando el cielo por su propia voluntad, cogedle por el pie y arrojadle al suelo, porque lo que está haciendo no es bueno para él». [20]

No es bueno, ni salva, construir atajos para llegar más rápido hacia Dios. Hacia él se llega pasando primero por el encuentro con la miseria de nuestro propio corazón. A veces, hasta el pecado ayuda y sirve como pedagogo para señalar el camino. Isaac de Nínive (siglo 7) lo enseñaba así:

> El salto para bucear en las profundidades se da desde el trampolín del pecado. Es el pecado el que me puede lanzar al abandono de los ideales forjados por mí mismo y lanzarme a las profundidades del alma. Allí están juntos mi corazón y Dios. Allí está también la escalera para ascender a él.

Esta forma de entender el camino espiritual produjo en el desierto personas humildes, servidores afables, compañeros generosos y seres íntegros que no necesitaron de la hipocresía para ganarse el respeto de sus discípulos y el cariño de su Señor. Cultivaron la humildad, confiaron en la misericordia de Dios y aclamaron la gracia que nunca falta.

Por la ascesis a la libertad

Pero que no se entienda mal. El encuentro con la oscuridad del corazón no los arrastró hacia la resignación insolente; nada de eso. Poco tenían ellos de los vicios heréticos de los antinomianistas (siglo 16) para quienes el descubrimiento de la gracia les sirvió como excusa para seguir pecando. Por el contrario, en el desierto se preguntaron, igual que el apóstol Pablo: «¿Vamos a persistir en el pecado para que la gracia abunde?» (Ro 6.1), y con él también respondieron: «¡De ninguna manera! Nosotros, que hemos muerto al

---

20. Merton, *op. cit.*, p. 71.

pecado, ¿cómo podemos seguir viviendo en él?» (Ro 6.2). Ejercitaron, en consecuencia, una práctica ascética que los conduzca hacia la libertad: libres de los caprichos del pecado y victoriosos contra los demonios de cada día. Esta *ascesis orientada a una vida plena* es otro de sus grandes legados espirituales.

La abadesa Sinclética decía: «Permanezcamos alerta mediante la ascesis laboriosa y la oración pura... Y ante todo, dominemos nuestra gula y conseguiremos dominar placeres más bajos y rastreros». [21]

Decía el abad Evagrio:

> La mente inestable y que divaga se consolida por la lectura, las vigilias y la oración. El fuego de la concupiscencia se apaga con el ayuno, el trabajo, la vigilia. La cólera, fuente de perturbaciones, se la reprime con salmos, dulzura y misericordia. Pero todos estos remedios deben aplicarse en el tiempo oportuno y en la medida conveniente; porque si no se aplican oportunamente y con medida, aprovechan poco tiempo. Y lo que dura poco, hará [más] mal que bien. [22]

Al decir ascesis, por lo general se entiende un entrenamiento moral caracterizado por el rigor, el sacrificio, las privaciones asfixiantes. A la filosofía popular estoico-cínica se la acusa de haberle dado este giro negativo, porque antes, para los primeros cristianos, la ascesis era un ejercicio efectivo que ayudaba a actuar de acuerdo con el evangelio. El término griego *askesis* significa «entrenamiento», casi siempre moral, «por medio de la educación, el dominio de las pasiones y el ejercicio de la beneficencia». [23] A este entrenamiento se refería el apóstol al decir:

---

21. María Sira Carrasquer Pedros y Araceli de la Red Vega, *Madres del desierto*, Monte Carmelo, Burgos, 2000 (2ª ed.), p. 180.
22. Lucian Regnault, *op. cit.*, p. 155.
23. D. F. Wright, *Diccionario de historia de la iglesia*, Caribe, Miami, 1989, p. 95.

Todos los deportistas se entrenan con mucha disciplina. Ellos lo hacen para obtener un premio que se echa a perder; nosotros, en cambio, por uno que dura para siempre... Más bien, golpeo mi cuerpo y lo domino, no sea que, después de haber predicado a otros, yo mismo quede descalificado (1Co 9.25, 27).

En el desierto prosperó una práctica positiva de la ascesis bajo la convicción de que el cristiano está llamado a crecer «hasta ser en todo como aquel que es la cabeza, es decir, Cristo» (Ef 4.15). Se creía que somos seres en permanente formación y que nuestra maduración humana era posible; que no hemos sido abandonados al capricho de nuestras pasiones ni a las artimañas de los demonios que nos asedian. En esa guerra sin tregua, Dios es el principal actor; el triunfo no depende de las capacidades del santo, ni mucho menos de sus imperfectas prácticas espirituales.

> Los monjes quieren comunicarnos, hoy, su optimismo para que podamos trabajarnos a nosotros mismos, para no sentirnos desamparados en nuestra manera de ser, ni en nuestra formación o en nuestra condición social, sino que veamos que vale la pena darse a la ascesis hasta que brille clara... la imagen de Dios, y hasta que resuene en nuestro mundo, sin falsificar, la especial palabra que Dios dice de cada uno... [24]

Tenemos, entonces, una visión de la ascesis como camino hacia la libertad y del disfrute de una vida plena. Conocer la verdad —y practicarla—, lo dijo Jesús, es el camino para la libertad (Jn 8.32) porque «todo el que peca es esclavo del pecado» (Jn 8.34). En esa ascesis sobresalieron tres prácticas: *huir, callar* y *reposar en oración* (*Fuge, Tace* y *Quiesce*). Cuando el abad Arsenio rogó: «Señor, llévame por el camino de la salvación», escuchó una voz que le dijo: «Arsenio, huye del mundo y estarás a salvo». Él, dócil a la voz, partió

---

24. Grün, *op. cit.*, p. 129.

de incógnito en una nave desde Roma hacia Alejandría, y allí imploró de nuevo: «Señor, llévame por el camino de la salvación», y una vez más la voz le dijo: «Arsenio, *huye*, guarda *silencio* y no dejes de *orar*, pues ésta es la manera de no pecar». [25] Esta era la consigna de los monjes. Con esas armas lucharon contra los demonios allá donde abundaban más, en el desierto. Con esas mismas armas procuraron luchar a favor de un mundo mejor. Eran, ante todo, luchadores en una «guerra espiritual» de la que no querían salir derrotados. Se conocían y sabían que en su interior se presentaba la peor de las batallas: la de bien y el mal, la de la humildad y la arrogancia, la de saber el bien y no hacerlo (Ro 7.21-24). Una batalla que es normal en todo ser humano y que motiva al cristiano a ser cuidadoso.

En esa lucha, unas veces se vence y en otras se sale maltratado. No es una lucha obsesiva por la perfección sino una vía sagrada hacia la madurez.

En cierta ocasión, el discípulo de un anciano notable fue tentado a la impureza. El anciano que veía su sufrimiento le dijo: «¿Quieres que ruegue al Señor para que te libre de esta lucha?». El discípulo le respondió: «Padre, veo que estoy padeciendo mucho, pero siento también el fruto que saco de esta lucha. Por esto, pide al Señor en tus oraciones que me dé la fuerza para resistir». Y su abad le dijo: «Ahora veo, hijo mío, lo mucho que has adelantado y que me has superado a mí». [26]

Nunca se huyó del demonio ni de las tentaciones; se enfrentaron con la confianza puesta en Dios. Los monjes descubrieron así el núcleo paradójico de la vida espiritual, que es una vida en la que se llega a ver a Dios, pero también a los demonios. «Cuando entramos en comunión con Dios, también tenemos que hacer frente a los

---

25. Henri J. M. Nouwen, *La soledad, el silencio, la oración. Espiritualidad del desierto y sacerdocio contemporáneo*, Obelisco, Barcelona, 2002, p. 14-15.
26. Lucian Regnault, *op. cit.*, p. 85.

demonios».²⁷ Y a los demonios se los encaraba con una ascesis que ofreciera las claves de la libertad.

Un viejo pozo de agua fresca

Los siglos pasaron y también con ellos, lo mejor de la experiencia de los Padres y las Madres del desierto. Hoy nos acercamos reverentes para beber de un viejo pozo que aún sigue vertiendo la frescura de sus aguas. La radicalidad de su fe, la urgencia por su salvación, la honestidad con ellos mismos, y la disciplina que aceptaron para buscar el rostro del Resucitado, son el reflejo de una herencia que debemos celebrar.

De la hondura de su espiritualidad brotó con naturalidad un nuevo modelo de liderazgo, distinto a lo que ocurría en las ciudades del imperio, donde las luchas de poder menguaban la fuerza de la iglesia y el éxito enloquecía a los clérigos. En el desierto se desarrolló una comunidad humana, sencilla en sus costumbres, solidaria con la naturaleza pecadora de sus miembros, dispuesta a desarrollar la fe de todos y ajena a los engaños del autoritarismo. Tanto el maestro como el discípulo buscaban a Dios, y en su peregrinaje no había lugar para la estrechez de las jerarquías. El abad, igual que el visitante, se reconocía pecador y no había por qué disimular las faltas. Todo esto contribuyó a un clima de aceptación y de respeto. Los juicios implacables y las mutuas acusaciones no formaron parte de la pedagogía de su fe. Se educó de otra manera, como lo demuestra el siguiente *Apotegma*:

> En cierta ocasión, hubo una reunión contra un hermano que había faltado. Los padres ancianos hablaron. Solo el abad prior guardó silencio. Luego se levantó, cogió un saco, lo llenó de arena y se lo echó sobre sus espaldas. En una cesta pequeña puso delante de sí un poco de arena. Los padres le

---

27. Nouwen y Nomura, *op. cit.*, p. 95.

preguntaron qué significaba todo esto, y él les explicó: «El saco con tanta arena son mis pecados, que son muchos. Los he puesto detrás para que no me den más que hacer ni tener que llorarlos. Y mirad las pocas faltas de mi hermano, éstas están delante de mí y hablo mucho de ellas para condenarle. Esto no está bien. No es correcto juzgar así. Yo debería poner delante de mí mis faltas, pensar en ellas y pedir a Dios que me perdone». Entonces los Padres, poniéndose de pie, exclamaron: «Verdaderamente, éste es el camino de la salvación». [28]

Este modelo de liderazgo compasivo y fraterno, y su estilo de vida comunitario y profético, tienen fuerza suficiente para lanzar su mensaje al resto de la cristiandad, aún hoy, después de más de quince siglos. Rompieron con el imperio poderoso, y también con la iglesia acomodada. Huyeron al desierto, entraron en comunión con Dios, y le hicieron frente a los demonios. Ahora nuestro propio desierto nos espera. [29] Cada uno a su manera. Pablo encontró el suyo propio, también M. Lutero, J. Calvino, J. Wesley, T. Merton, D. Bonhoeffer, M. Luther King y O. Romero. «Todos rompieron con su propia vida cotidiana y fueron a hacer frente a los demonios.» [30]

Hoy los demonios abundan: el consumismo insaciable, el individualismo egoísta, la pobreza deshumanizante, el imperialismo mezquino, el fundamentalismo fanático, la violencia atroz y cientos más. Esos demonios abundan y no nos dan espera. La voz que escuchó el abad Arsenio nos dice ahora a nosotros: «*Huye*, guarda *silencio* y no dejes de *orar*».

---

28. Grün, *op. cit.*, p. 58.
29. Como bien lo afirma Ricardo Barbosa: «El desierto no debe ser visto, necesariamente, como un alejamiento geográfico y social, sino como una actitud, una postura delante de Dios y de nosotros mismos. Es el lugar o situación que desenmascara aquello que suponemos ser, donde nuestras ilusiones son confrontadas con la verdad, y nuestras ideas y nuestros conceptos sobre Dios son sustituidos por la revelación del propio Dios». Ricardo Barbosa de Sousa, *Por sobre todo cuida tu corazón: Ensayos sobre espiritualidad cristiana*, Kairós, Buenos Aires, 2005, p 154.
30. Nouwen y Nombra, *op. cit.*, p. 97.

Preguntas para la reflexión y el diálogo

La espiritualidad y el liderazgo en nuestra experiencia diaria

1. Huir para no naufragar: la huida hacia el desierto estuvo justificada por una sociedad corrupta que, en la visión de los primeros monjes, naufragaba en medio de un mar de tentaciones: poder imperial, éxito fácil y desinterés por los más pobres. La iglesia, incluso, comenzaba a naufragar.

¿Está naufragando también nuestra sociedad? ¿Se hunde la iglesia junto con ella? ¿Cuáles son algunas señales de este «desastre generalizado»?

2. Nuestra salvación de cada día: ¿de qué salva el evangelio que predicamos? ¿Sobre qué cosas no estamos ofreciendo salvación, aun cuando forman parte del mensaje bíblico?

3. Ascesis evangélica: dentro de la espiritualidad latinoamericana tradicional, la oración y el ayuno son dos de las prácticas espirituales que más se recomiendan para el crecimiento de la vida cristiana. ¿Cuáles son las otras disciplinas que se practican dentro de su iglesia particular y de su tradición cristiana? ¿Qué es lo que se busca con esas prácticas?

Nos dice la Biblia

Según el apóstol Pablo, el culto que le agrada a Dios es una vida rendida a él en «sacrificio vivo, santo y agradable». En el contexto de esa enseñanza (Ro 12.1-21), el apóstol señala varias prácticas para crecer y hacer eficaz esa entrega. ¿Cuáles son esas otras prácticas en las que debemos ejercitarnos? En otras palabras, ¿cuál es la *ascesis* que Pablo recomienda?

**Desafíos para nuestra espiritualidad
y nuestra manera de ejercer el liderazgo**

1. Los padres del desierto enseñan el valor siempre vigente y cristiano de «saber huir». Claro, hay que saber de qué debemos huir, cuándo hacerlo y de qué manera proceder. Hay momentos y ocasiones cuando no huir significa sucumbir. ¿De qué deberían huir la iglesia y los cristianos en el día de hoy?

2. ¿Qué recomendaciones hace para que las disciplinas espirituales (oración, ayuno, silencio, soledad, comunidad, y otras) no se conviertan en obligaciones fanáticas, sino que sean fuentes de humanización y vida plena?

3. ¿Cuáles son en esta época algunos grandes demonios que aún no hemos querido combatir? ¿Cómo se podrían combatir?

Algo más acerca de los Padres del desierto

(Antiguos *Apotegmas* para un nuevo liderazgo)

Los *Apotegmas* de los ermitaños de los siglos 4 y 5 ocupan un lugar destacado dentro de la tradición espiritual y, como tal, forman parte de los más importantes escritos del cristianismo antiguo. Según el Diccionario de la Real Academia Española, la palabra *apotegma* viene del latín *apopthegma*, y se define como un «dicho breve y sentencioso; dicho feliz, generalmente el que tiene celebridad por haberlo proferido o escrito algún ilustre hombre o por cualquier otro concepto». Los nuestros fueron proferidos por ilustres hombres y mujeres del desierto como respuesta rápida y precisa para quienes los visitaban en procura de un consejo, o para los monjes jóvenes que querían conocer el camino a seguir. Con el tiempo, estas historias y dichos fueron escritos por los monjes y, sin que fuera ese el propósito, guardados para la posteridad.

A continuación, se presentan algunos de los *Apotegmas*,[31] todos llenos de sabiduría, para iluminar nuestras reflexiones acerca del liderazgo y permitirnos soñar con la posibilidad de que surja un nuevo liderazgo: humilde, servidor, consciente de sí mismo y colmado del amor del Padre. Cada uno está precedido por una breve introducción del principio que se presenta y de un versículo bíblico acorde con el valor expuesto.

Competentes, no competitivos

El liderazgo de servicio debería hacer la diferencia entre lo que significa ser una persona competente (capaz) y ser una persona competitiva (egoísta y centrada en su propio logro). El liderazgo cristiano promueve, ante todo, la solidaridad y el bien común, aunque implique algún sacrificio personal (Fil 2.4).

> Se dice que un hermano había tejido unos canastos que, cuando le puso manijas, escuchó que el monje que vivía en la celda contigua decía: «¿Qué voy a hacer? El comprador de estos canastos está viniendo, pero no tengo manijas para poner en mis canastos». Entonces le quitó las manijas a sus propios canastos y se los llevó a su vecino, diciendo: «Mira, tengo éstas de sobra. ¿Por qué no las pones en tus canastos?» Y así hizo posible que su hermano terminara el trabajo como debía, dejando el suyo sin terminar.

---

31. La selección de *Apotegmas* ha sido tomada de los siguientes textos: Henry J. M. Nouwen y Yushi Nomura, *La sabiduría del desierto*, Claretiana, Buenos Aires, 2002; Anselm Grün, *La sabiduría de los Padres del desierto*, Sígueme, Salamanca, 2001; Thomas Merton, *La sabiduría del desierto*, Biblioteca de Autores Cristianos, Madrid, 1997; Lucian Regnault, *Las sentencias de los padres del desierto*, Descleé de Brouwer, Bilbao, 1989; Jeremías Baruch Ortega, *100 dichos de los Padres del desierto*, LIL, Costa Rica, 1990.

Quien sirve, se sirve

El servicio a los demás es provechoso tanto para el que es servido como para el que sirve. Los grandes males que padece nuestro mundo podrían tener alivio si se practicara este nuevo modelo de liderazgo servidor. Si sirvo, me sirvo; si destruyo, me destruyo (Hch 20.35).

> Un anciano dijo: «Nunca acepté hacer algo que fuera útil para mí pero perjudicial para mi hermano. Como pienso de esta manera, lo que ayuda a mi hermano es provechoso para mí».

Más gestos, menos palabras

Ante todo, el liderazgo es el arte de influenciar vidas a través de la vida propia; no son las palabras sino los gestos los que más sirven (2Ts 3.9).

> *Abba* Hiperiquio dijo: «La persona que instruye a los demás, no a través de palabras sino de gestos, es verdaderamente sabia».

Liderazgo virtuoso, no virtual

El liderazgo cristiano no se fundamenta, como otros, en la fama, los aplausos pasajeros, o el poder publicitario de los medios de comunicación, sino en las virtudes de la gracia de Dios (Fil 4.8).

> Santa Sinclética dijo: «Así como un tesoro se consume rápidamente al ser expuesto, del mismo modo desaparecen las virtudes al hacerse famosas o ser bien publicitadas. Así como la cera es derretida rápidamente por el fuego, de la misma manera el alma se vacía cuando recibe alabanzas y pierde la solidez de la virtud».

Amma Sara decía: «Yo ruego que mucha gente pueda animarse con mi ejemplo; podría pedir perdón a la puerta de cada casa y debiera orar muchísimo para que mi corazón fuera limpio para con todos».

Liderazgo ético

Por lo general, el liderazgo de éxito —éxito político y comercial— se construye descubriendo los defectos de los demás y encubriendo los propios. El liderazgo cristiano es compasivo con los defectos de los demás y honesto con los propios; en eso consiste también su «ética del liderazgo» (Gá 6.1)).

El abad José preguntó al abad Pastor: «Dime cómo puedo ser un monje». El anciano respondió: «Si deseas tener sosiego aquí en esta vida y también en la próxima, en cualquier conflicto con otro di: ¿Quién soy yo?, y no juzgues a nadie».

Decía un anciano: «El monje no debe oír a los que hablan mal de otros, ni ser él mismo detractor, ni escandalizarse».

Construir humanidad

El liderazgo debería ser, ante todo, una función social y una dinámica comunitaria constructora de auténtica humanidad. Lo más importante debería ser el ser humano; por allí debería empezar toda su construcción y hacia ella debería apuntar (Mr 2.27).

Abba Juan, el Pequeño, dijo: «Nadie construye una casa empezando por el techo; más bien primero se ponen los cimientos y luego se levanta el resto». La gente le preguntó: «¿Qué quieres decir con eso?». Él les respondió: «Los fundamentos significan el prójimo, a quien deben amar; desde ahí deben empezar. Porque todos los mandamientos de Cristo dependen de esto».

¿Quién manda a quién?

La autoridad de los líderes servidores no depende de su poder económico, ni académico, ni de su ubicación en la jerarquía eclesial, ni siquiera de su ancianidad; depende de la autenticidad de su vida y de sus buenas acciones. Quienes ostentan el poder oficial deberían reconocerlo y, cuando fuere necesario, someterse a los que son los verdaderos líderes (Ef 5.21; Heb 13.7).

> Un anciano tenía un buen discípulo. Pero un día se enojó y lo echó de su celda. Sin embargo, el discípulo se sentó afuera y esperó. Cuando el anciano abrió la puerta, lo encontró sentado allí, y se arrepintió ante él, diciendo: «Tú eres mi padre, porque tu humildad y paciencia han superado mi intolerancia. ¡Entra! Desde ahora tú eres el anciano y el padre, sin dudas, y yo soy el joven y el discípulo. Porque tus buenas acciones han superado mi ancianidad».

¿Vivir sin hablar o hablar sin vivir?

La retórica florida y elocuente ha ido de la mano del liderazgo. Hablar bien ha sido una condición *sine qua non* del liderazgo tradicional. El grave problema es que las palabras han superado a la vida (por eso la hipocresía), han superado la realidad (por eso la mentira), y han superado al mismo orador (por eso tanta fantasía). Lo ideal no es quedarse siempre en silencio —aunque en el caso de los hipócritas, mentirosos y fantasiosos sería lo mejor—, sino que las palabras vayan acompañadas de la vida; que la retórica camine junto con la realidad (Pr 12.19; Col 4.6).

> *Abba* Isidoro de Pelusia dijo: «Vivir sin hablar es mejor que hablar sin vivir. Porque una persona que vive rectamente nos ayuda con el silencio, mientras que una que habla demasiado simplemente nos aburre. Sin embargo, la perfección de toda filosofía es que las palabras y la vida vayan de la mano».

Abba James dijo: «No queremos solamente palabras, porque hoy abundan entre la gente. Lo que necesitamos son obras, porque eso es lo que buscamos y no las pbras que no dan fruto».

Dijo un anciano: «El hombre que habla, pero no tiene palabras, se parece a un árbol cubierto de hojas, pero que no tiene frutos. Así como un árbol que está lleno de frutos, también tiene hojas, de igual modo, el hombre que hace buenas obras buenas hablará en consecuencia».

Gerencia de uno mismo

Dominar a otros ha sido, para desdicha de la historia, la forma como se recuerda a muchos gobernantes y jefes. Es común, aunque no por eso menos lamentable, que el liderazgo se haga más fuerte en la medida que tiene poder sobre los demás. Craso error, cuando de lo que se trata es que los líderes se puedan dominar a sí mismos (2Ti 1.7; 2P 1.6).

Abba Poemen dijo: «Si un monje domina dos cosas, puede sentirse liberado del mundo». Y un hermano le preguntó: «¿Cuáles son?». Le respondió: «El cuerpo y la vanagloria».

Se decía del abad Agatón que durante tres años se había metido una piedra en la boca, hasta que consiguió guardar silencio.

Un hermano preguntó al abad Isidoro, anciano de Sitia: «¿Por qué te temen tanto los demonios?». Y el anciano respondió: «Desde que soy monje me he esforzado en impedir que la cólera suba a mi garganta».

El lenguaje del corazón

La sensibilidad y la ternura son rasgos despreciados en las fórmulas tradicionales del liderazgo. La insensibilidad y la dureza parecieran ser requisitos para el éxito en el liderazgo gerencial, político, eclesial y militar. ¡Qué lamentable! Por el contrario, el liderazgo de servicio —siguiendo el modelo de Jesús— valora el lenguaje del corazón y se adiestra en su difícil práctica (Mt. 12.35).

> *Abba* Poemen dijo: «Enséñale a tu boca a hablar de lo que tienes en tu corazón».

Escapar de ese demonio

La vanagloria es uno de los demonios que carcome al liderazgo. Algunos hasta llegan a creer de manera equivocada que el liderazgo consiste en demostrar cuán grande es uno y cuán débiles son los demás. La vanagloria es una forma de menospreciar a los demás y de autoengañarse exaltando la imagen propia: la del líder o la de la organización que representa (Fil 2.3).

> *Abba* Nisterós, el Grande, caminaba por el desierto con un hermano, y al ver al dragón, salieron corriendo. Entonces el hermano le dijo: «¿Tú también tuviste miedo, Padre?» El anciano respondió: «No tuve miedo, hijo, pero era bueno que escapara del dragón; de lo contrario, no habría podido escapar del espíritu de la vanagloria».

El raro arte de mandar con humildad

Los monjes del desierto enseñaron acerca del arte de saber mandar y de ejercer la autoridad. Para ellos, este era un asunto de espiritualidad, como se lee en el siguiente *Apotegma*. Ellos se refirieron al principio de mandar «conforme a la voluntad de Dios» y ordenar «con humildad y ruego». ¡Qué raro! (Ef 4.2; 1P 5.3).

Decía un anciano: «Si uno da una orden a un hermano con humildad y temor de Dios, esta palabra pronunciada por amor de Dios dispone al hermano a someterse y hacer lo mandado. Pero si uno da una orden a un hermano sin temor de Dios, sino para hacer sentir su autoridad y como manifestando su dominio, Dios, que ve los secretos del corazón, no permite que el hermano entienda y haga lo que se le manda. Porque aparece muy claro cuando algo se manda con amor de Dios, y cuando se manda de manera autoritaria por propia voluntad. Lo que es de Dios se manda con humildad y en forma de ruego. Lo que se manda con dominio, con irritación y brusquedad, procede del maligno».

4

Una voz resuena desde Montecasino

Espiritualidad y liderazgo en el monasticismo benedictino

> ¿Dónde podremos encontrar paz, sentir serenidad, tener esperanza? Es bastante irónico que la cura pueda no encontrarse en absoluto en el siglo XXI, sino que radique en una formulita del monacato del siglo VI.
>
> *Joan Chittister* [1]

¿Qué tiene San Benito de Nursia para que después de tantos siglos —más de quince— se siga estudiando su historia y se aproveche su Regla monástica? ¿Cuál es el mensaje que transmite su vida para que haya sido declarado «Padre de Occidente» y «Patrono de Europa»? ¿Por qué despierta tanto interés, entre los teólogos de la espiritualidad, un hombre sencillo que vivió enclaustrado y que no dejó ningún tratado sistemático de su experiencia de fe? ¿Cuál es el secreto de su permanencia en el tiempo? ¿Cuál es su aporte a

---

[1]. Joan Chittister, *La Regla de san Benito: vocación de eternidad*, Sal Terrae, Santander, 2003, p. 10.

la espiritualidad evangélica en nuestra América Latina y el Caribe? Antes de responder a estas preguntas se debe decir algo acerca de su historia.

Un italiano rural

Benito (*Benedictus*), según la tradición, nació en el año 480, aunque algunos investigadores modernos dicen que su natalicio debe fecharse más cerca al año 500. Nació en Nursia, pequeña ciudad situada a 100 kilómetros al noreste de Roma. Fue hijo de una familia perteneciente a la pequeña burguesía rural. Lo que se sabe de él nos ha llegado gracias a los *Diálogos* escritos por Gregorio Magno (540-604), el primer Papa monje. La obra fue redactada cerca del año 593, tan sólo 40 o 50 años después de la muerte de Benito ocurrida entre el 555 y el 565.

Cuenta la historia que Benito viajó a Roma, enviado por sus padres, para completar sus estudios literarios. Al llegar a Roma descubrió la decadencia moral de la urbe en la que ya se comenzaban a presenciar las luchas del poder papal. Benito sintió vergüenza por lo que sucedía en la ciudad y, despreciando los estudios y «deseoso de agradar solamente a Dios», [2] tomó la decisión de retirarse para vivir en Effide junto a una pequeña comunidad de ascetas. Allí recibió la guía espiritual de un sabio sacerdote que orientaba a un grupo de jóvenes. Después vivió durante tres años como ermitaño en una cueva de Subiaco, en el valle del Anio. En ese lugar se difundió su fama y se le unieron muchos discípulos deseosos de aprender el arte de amar a Dios en medio de la soledad, el silencio y la oración. Llegó a tener doce monasterios, cada uno de ellos formado por doce monjes, bajo la dirección de su propio abad, pero siendo él el responsable de la dirección de toda la colonia y de la formación de los novicios. Llegó

---

2. Citado por García M. Colombas en *La Regla de san Benito*, Biblioteca de Autores Cristianos, Madrid, 2000, p. 7.

su fama a Roma, y algunas familias nobles enviaron a sus hijos para que los educara en la fe y en el amor a Dios.

Proyecto monástico

Cerca del año 530, Benito deja el Subiaco, sale con sus monjes y funda un monasterio sobre una montaña junto a la ciudad de Casinum: la abadía de Montecasino, situada en el camino entre Roma y Nápoles. Allí nació la orden benedictina.[3] Gregorio señala que la razón para iniciar este nuevo proyecto se debió a un enfrentamiento con un sacerdote envidioso, de nombre Florencio, que administraba una iglesia cerca del Subiaco. Este sacerdote se sintió amenazado ante el rápido crecimiento de los monasterios e «hizo que unas jóvenes danzaran delante de las celdas de los monjes para tentarlos».[4]

Consciente Benito de que todas sus maquinaciones se dirigían contra su persona, resolvió salvar su obra abandonando el lugar. Y, después de reorganizar todos los monasterios que había levantado, tomó consigo a «unos pocos monjes» y cambió de morada.[5]

Algunos historiadores opinan que la verdadera razón por la que cambió de lugar se debió a que había desarrollado un nuevo concepto de vida monacal. La montaña a la que se trasladó albergaba varios santuarios en los que se celebraban cultos paganos. Benito destruyó algunos de ellos, y otros los dedicó al culto cristiano. El templo de Apolos fue convertido en una iglesia dedicada a Martín de Tours. La tradición señala la fundación de Montecasino en el año 529, el mismo año en que la escuela de filosofía de Atenas cerró sus puertas.

---

3. Pedro Santidrán, *Diccionario breve de pensadores cristianos*, Verbo Divino, Navarra, 1991, pp. 58-60.

4. Anselm Grün, *Benito de Nursia: Su mensaje hoy*, Sal Terrae, Santander, 2004, p. 16.

5. G. M. Colombas, *op. cit.*, p. 8.

La de Benito fue una época de turbulencias políticas y religiosas. La gran Iglesia se debatía entre luchas internas, unas ocasionadas por razones doctrinales y otras por el anhelo de poder. Fue el tiempo del cisma entre Roma y Bizancio (498-514), en la que soplaban vientos de división y de confusión. En cuanto a lo político, la situación no era más fácil. Entre los años 535 y 551 acaeció la guerra entre godos y bizantinos «con su terrible séquito de matanzas, saqueos, depredaciones, hambres, inseguridad y desafueros de toda especie».[6] A partir del 568 Italia fue invadida por los longobardos, quienes destruyeron todos los monasterios que encontraron a su paso, entre ellos Montecasino. En 587, el monasterio fundado por Benito fue incendiado y los monjes huyeron a Roma; para entonces su fundador ya había muerto.

En Montecasino, el fundador del monasticismo benedictino consagró su vida al cultivo de la fe y al conocimiento de Dios. Su hermana Escolástica hizo lo mismo en un monasterio que fundó para mujeres, cerca al monasterio de Benito. La fama de éste se extendió por todas partes, y de todas ellas acudían visitantes deseosos de escuchar sus enseñanzas y recibir la inspiración de su vida consagrada. Entre los visitantes estuvo el rey godo Totila, a quien Benito, haciendo uso de su mejor talante profético, lo reprendió con estas palabras: «Haces mucho daño, y más has hecho. Ha llegado el momento de detener tu iniquidad ... Reinarás por nueve años, y al décimo morirás». Y según afirma su biógrafo, Totila murió, en el año señalado por Benito.[7]

En los «Diálogos» de Gregorio, el Grande

Toda la historia que hemos recibido acerca del santo de Montecasino se la debemos a Gregorio, el Grande; y la verdad es que el propósito de los *Diálogos* no fue tanto escribir una biografía con

---

6. *Ibid.*, p. 10.
7. Justo González, *Historia del cristianismo*, Unilit, Miami, 1994, Tomo I, p. 266.

rigor histórico sino desarrollar una interpretación teológica de la vida de su personaje. Gregorio presenta la caminata espiritual de Benito como una ruta colmada de lecciones perennes. A. Grün, experto en espiritualidad benedictina, dice al respecto:

> ... son imágenes que describen su proceso de llegar a ser hombre y su camino hacia Dios. En las imágenes resplandece la creciente captación que obtiene Benito del misterio del Dios incomprensible. Las imágenes presentan un dibujo del camino por el cual Benito alcanza la unidad consigo mismo, por lo que se encuentra con sus lados oscuros, y por el que llega a liberarse de la autoafirmación egoísta, haciéndose capaz de conducir a otros monjes. [8]

En otras palabras, lo que nos entrega el papa Gregorio es un camino místico o un mapa de la ruta interior que sigue toda persona que busque con ardor el encuentro con Dios.

En ese camino, cuando Benito renuncia a Roma y huye hacia el desierto, nace de nuevo. Pasó tres años en la soledad de una cueva. Un día, un sacerdote fue a visitarlo y lo invitó a que comiera con él: «Levántate y tomemos alimento, porque hoy es Pascua».[9] Benito respondió: «Sé que es Pascua, porque he sido digno de verte». Tan sólo ahora que había vivido la experiencia de estar solo con él mismo, estaba preparado para encontrarse con otros y recibirlos sin egoísmo. Pero ese nuevo nacimiento no estuvo exento de tentaciones. Cuenta Gregorio que el rostro de una mujer dotada de especial belleza aparecía con cierta frecuencia: «... y de tal modo inflamó su hermosura el ánimo del siervo de Dios, que a duras penas cabía en su pecho la llama del amor». Esta experiencia tan humana será recordada después por los benedictinos para demostrar la importancia que tienen

---

8. Anselm Grün, *Benito de Nursia: Espiritualidad enraizada en la tierra*, Herder, Barcelona, 2003, p. 17.
9. Todas las citas de la obra de Gregorio son tomadas de Gregorio Magno, *Vida de san Benito Abad*: www.sbenito.org.ar/vidasb/vidasb

las necesidades vitales en el peregrinaje del espíritu. Benito tenía la capacidad de enloquecer por amor. Él fue consciente de su desvarío, nunca lo negó; por el contrario, lo presentó delante del Señor y clamó pidiendo ayuda.

Su lucha le sirvió para abrirse ante el Señor y ante la vida.

Benito no cercenó su sexualidad. En medio de su camino espiritual, su sexualidad se presenta hablándole muy claro. Él se [expuso] a ella y la [transformó] en una fuente de espiritualidad ... El lugar en el que Benito experimenta más intensamente su sexualidad es al mismo tiempo el lugar en que experimenta a Dios. [10]

Gregorio dice que «... de esta suerte venció al pecado, porque mudó el incendio». En la espiritualidad benedictina, el ser humano se encuentra con Dios cuando se descubre a sí mismo; por eso no huye de su realidad desnuda, sino que convierte esa revelación en un camino espiritual que lo conduce más cerca de Dios.

Ahora que Benito se conoce mejor a sí mismo, está preparado para guiar a otros. Es entonces cuando se acercan cuatro jóvenes para pedir que sea su guía espiritual.

Gregorio sigue narrando las experiencias de Benito y mostrando de qué manera «el varón de Dios, cual tierra cultivada libre de espinos, dio copiosos frutos en la mies de las virtudes». [11]

---

10. A. Grün, *op. cit.*, 2003, p. 19.
11. En la historia de Gregorio aparecen después doce milagros del conocimiento y luego doce de la acción. En los primeros descubre la realidad de las pasiones y de los pensamientos con los cuales combate todo monje: la ira, la vanagloria, la soberbia, la avaricia, la tristeza y otros más. Él cree que el monje debe exponerse ante esos *logismoi* (pensamientos emocionales) a fin de aprovechar la fuerza de sus pasiones, pero sin dejarse dominar por ellas. En los milagros de la acción, Gregorio cuenta las sanidades operadas por Benito y la forma portentosa en que, por medio de sus oraciones, contribuyó a mejorar su mundo.

La Regla de san Benito

Aunque su historia pudiera resultar maravillosa, no es ella lo primero que se subraya. Además, la narración de Gregorio es incompleta y tampoco hay otras fuentes históricas a las que se pueda acudir. Su aporte más grande no es su historia sino su *Regla,* y lo que en ella nos revela acerca de su vida. Benito redactó su famosa *Regla* estando en Montecasino y pensando en su comunidad de monjes. Para conocer a Benito hay que conocer esta regla. Gregorio, pensando en la importancia de ella dice:

> El hombre de Dios, entre tantos milagros con que resplandeció en el mundo, brilló asimismo, de una manera no menos admirable, por su doctrina, pues escribió una regla de monjes, insigne por su discreción y clara en su lenguaje.

Joan Chittister, religiosa de la abadía benedictina de Erie, Pensilvania, y autora de más de veinte títulos sobre la *Regla* de San Benito, dice que la *Regla* «no es un tratado de teología sistemática. Su lógica es la lógica de la vida cotidiana vivida en Cristo y vivida como es debido». [12] Estamos ante uno de los más grandes documentos de la historia de la espiritualidad cristiana. Su vigencia ha permanecido con el paso del tiempo. Bajo su orientación han pretendido vivir miles de personas, incluso hoy, aquellas que proclaman que «la espiritualidad benedictina es la espiritualidad del siglo 21». [13]

Las investigaciones más recientes hacen creer que, en la redacción del documento, Benito tuvo en cuenta otras reglas ya existentes, de manera especial la llamada *Regula Magistri*, escrita por un maestro anónimo y empleada en varias comunidades monásticas de la antigüedad. Pero las diferencias son llamativas: mientras las otras expresan una visión pesimista del ser humano, Benito, por el

---

12. Joan Chittister, *op. cit.*, 2003, p. 18.
13. *Ibid.*, p. 17.

contrario, optó por confiar en los monjes. Lo hizo aunque en su época primaba la inseguridad, el miedo y la mutua desconfianza. Él decidió creer en lo bueno que tiene el ser humano y orientar a sus monjes no con severidad sino con bondad, respeto y amor fraternal. Su personalidad equilibrada y su cordura se reflejan en la docilidad de su liderazgo.

Él conocía bien las debilidades del ser humano; sabía que también los habitantes del monasterio eran personas que lidiaban con problemas humanos universales, como las luchas de poder, el enojo, la inconformidad y el rechazo a los demás.

> Benito mira de frente esas flaquezas y no se incomoda por el hecho de que él, como abad, tenga que contar con las deficiencias humanas sino que intenta afrontarlas y sanar a quienes padecen de ellas». [14]

Ante las flaquezas, adopta una actitud pastoral serena y tranquila, que no por eso se resigna ante el desorden humano. Se consideró un sanador cuya labor era curar a los débiles y ayudarlos a servir al Señor. Comenta Grün, que

> ... [para que una persona sea] tan equilibrada y sabia tiene que haber luchado mucho consigo misma ... Benito no rehuyó las tentaciones y peligros del mal; en medio de su lucha por la pureza interior, clavó su mirada en los abismos de la condición humana, de forma que nada humano le era ajeno. Pero también experimentó el poder de la gracia que sabe sanarnos. [15]

Por eso, a sus monjes no los intimidaba con exigencias de inquisidor, sino que los aceptaba en su debilidad y así podía sanarlos.

---

14. A. Grün, *op. cit.*, 2004, p. 18.
15. *Ibid.*, p. 19.

Quizá también por esto redactó su *Regla* de manera breve, en dos terceras partes de lo que había sido su antecesora, la *Regula Magistri*.

Reglamento para la vida plena

La importancia de la Regla, y de la espiritualidad que ella transmite, no está en sus prescripciones religiosas sino en el modo de vida que ella inspira. Al fin y al cabo, el benedictismo, a diferencias de las demás órdenes religiosas, no fue creado para que cumpliera una función determinada sino para vivir cristianamente en comunidad y buscar a Dios. [16] Tampoco se debe olvidar que al modo de vida benedictina se le atribuye la salvación de la Europa cristiana de los siniestros de la Edad Media. En la actualidad existen más de catorce mil comunidades benedictinas y cistercienses que se rigen por esta regla, además de otros miles de cristianos laicos que la han hecho norma de su vida.

A los lectores que han heredado el misticismo de la Edad Media, los tratados de los filósofos escolásticos y los textos teológicos de siglos pasados, les resulta incomprensible que este breve documento de casi mil quinientos años de antigüedad se venere hoy como uno de los grandes libros de referencia espiritual de todos los tiempos. Se han escrito muchos volúmenes acerca de él, pero el breve y modesto texto es casi decepcionante para una cultura a la que le gusta que las cosas parezcan impresionantes y deslumbrantes.[17]

Digamos algo acerca de su estructura interna y su contenido. Prometo no extenderme demasiado. La Regla consta de un prólogo y setenta y tres capítulos, el último de los cuales se considera como un epílogo. La mayor parte de los capítulos son muy cortos. Todo el documento está engalanado con numerosas citas bíblicas; en el pró-

---

16. Anselm Grün, *Un largo y gozoso camino: Las claves de mi vida*, Sal Terrae, Santander, 2004, p. 27.

17. Joan Chittister, *op. cit.*, p. 21.

logo, por ejemplo, que no contiene más de tres o cuatro páginas, el autor cita quince veces la Biblia.

El prólogo se ocupa de la vocación de los monjes y de una presentación general de la Regla. Los tres primeros capítulos tratan de las diferentes clases de monjes, para decir que la Regla está dirigida a una de ellas: los cenobitas, que son «los que viven en un monasterio y sirven bajo una regla y un abad» (c. 1). [18] También acerca de cómo debe ser el Abad (c. 2) y cuáles deben ser las funciones del consejo de hermanos (c. 3). Después le siguen cuatro capítulos cuyo tema son las buenas obras (c. 4), la obediencia (c. 5), el silencio (c. 6) y la humildad (c. 7). Este último, el de la humildad, es uno de los capítulos sobresalientes de todo el documento por presentar los doce grados de humildad o el itinerario presentado por Benito para la verdadera madurez humana. Con esto se cierra la primera parte de la Regla.

La segunda parte, de doce capítulos, enseña lo que se conoce como el *código litúrgico* (c. 8-20), después un capítulo introductorio acerca de los decanos del monasterio (c. 21) y luego nueve para el código legal (c. 22-30), en el que dice cómo se debe proceder en casos de indisciplina, excomuniones y faltas graves. La Regla continúa con doce capítulos dedicados a la reglamentación de la vida económica, las funciones del mayordomo, la distribución de las comidas y la bebida, y el debido trato para con los ancianos y los niños (c. 31-42). Los cuatro capítulos que siguen (c. 43-46) son una instrucción acerca de qué se debe hacer con las personas que cometen alguna falta, sea ésta leve o grave. Siguen seis capítulos acerca de la distribución del tiempo para la oración, las lecturas y el trabajo (c. 47-52). Es en estos capítulos donde Benito hace gala del magistral equilibrio entre oración y trabajo: *Ora et Labora*. Continúa con las indicaciones

---

18. Benito de Nursia, *La Regla de san Benito*, Biblioteca de Autores Cristianos, Madrid, 2000, p. 72. Éste será el texto que se usará de aquí en adelante siguiendo su división en capítulos y versículos. La letra «c» significa el capítulo. Las letras RB, Regla de Benito. La traducción del latín fue realizada por Iñaki Aranguren, monje cisterciense.

acerca de cómo recibir a los huéspedes y cómo administrarles a los monjes el vestido, el calzado, los regalos que les envían y las cartas (c. 53-57). Después una serie de capítulos acerca de la renovación de la comunidad mediante la llegada de nuevos monjes o la visita de sacerdotes o de monjes peregrinos (c. 58-63). Los capítulos siguientes tratan acerca de la ordenación del nuevo abad (c. 64), sus funciones (c. 65) y unas instrucciones sobre el portero del monasterio.[19] La segunda parte se cierra con unos consejos referentes a las relaciones fraternales (c. 67-72).

Al final, un modesto epílogo en el que reconoce que la práctica de la justicia no se agota con la observancia de la Regla (c. 73). Sus últimas palabras son:

> Quienquiera, pues, que te apresuras hacia la patria celestial, practica con la ayuda de Cristo, esta mínima Regla de iniciación que hemos delineado, y entonces, por fin, llegarás, con la protección de Dios, a las cumbres de la doctrina y virtudes que arriba dijimos. Amén.

Del corazón mana la vida

El legado de la espiritualidad benedictina y su pertinencia para el santo ejercicio del liderazgo cristiano son extraordinarios. Digamos algo acerca de la espiritualidad. Para Benito, *el fin de la espiritualidad no es el cumplimiento de una norma moralista sino la búsqueda de un corazón puro.* Lo que le interesa no es que sus monjes satisfagan la moralidad —muchas veces hipócrita— predicada por un sistema religioso, sino que vivan su fe con vigor y logren un encuentro con Dios que los convierta en seres humanos más madu-

---

19. El portero del monasterio es una persona a la cual Benito presta mucha atención, pues está convencido de que en el visitante llega Cristo, y hay que saberlo recibir: «... responder a la puerta es una de las principales actividades de la vida benedictina. El modo de responder a la puerta es el modo de tratar con el mundo». Joan Chittister, *op. cit.*, p. 223.

ros conforme a la imagen de Jesús. La espiritualidad moralista, tan común en la historia de la iglesia, se fija como meta exclusiva que los creyentes eviten los pecados y sean modelos de perfección. La espiritualidad bíblica, por su parte, aunque contempla la moral como parte fundamental de la vida cristiana responsable, no la convierte en su único objetivo. Benito piensa así y por eso se dedica junto a su comunidad al cultivo de un corazón compasivo, amante de Dios y experto en el amor al prójimo.

También las iglesias de los primeros siglos entendieron que lo más importante de la vida cristiana era penetrar en el misterio de Dios y unirse con él en una relación liberadora. En los primeros siglos se hablaba de la «catequesis mistagógica», reservada para después del bautismo cuando los creyentes podían adentrarse en los secretos de la relación con Dios. No se trataba de repetir un catecismo, ni de reprimir ciertos vicios, ni de sobresalir en una prueba de moralidad, sino de adentrarse en los misterios de Dios y descubrir que en él se encuentra la plenitud de la vida. Para ellos, como para Benito, el fin de la espiritualidad no era la moral; «la moral es una consecuencia de la vida en el Espíritu y no a la inversa». [20] El fin era introducir al ser humano en la experiencia del encuentro con Dios, y todas las prácticas ascéticas perseguían ese solo objetivo.

> Las enseñanzas sobre los ocho pecados capitales en el monacato antiguo no deben entenderse como espiritualidad moralizadora sino mistagógica. Porque no se trataba en ella de una técnica para evitar faltas sino de orientaciones para facilitar el contacto más íntimo con Dios y un encuentro más real con la verdad de sí mismo. [21]

La Regla tiene varios capítulos para enseñar al monje cuáles son las disciplinas espirituales que lo deben distinguir. En el capítulo

---

20. *Ibid.*, p. 102.
21. Anselm Grün y Meinrad Dufner, *La salud como tarea espiritual*, Narcea S.A. de Ediciones, Madrid, 2001, p. 100.

cuatro, por ejemplo, ofrece una extensa lista de lo que llama «instrumentos para las buenas obras», entre las que sobresalen: «negarse a sí mismo para seguir a Cristo» (4.10), «aliviar a los pobres» (4.14), «no abrigar en el corazón doblez alguna» (4.24), «no cejar en la caridad» (4.26), «decir la verdad con el corazón y con los labios» (4.8), «no desear que lo tengan a uno por santo sin serlo, sino llegar a serlo efectivamente, para ser así llamado con verdad» (4.62). La santidad, en este caso, no consiste en una reputación de «buen testimonio» sino en una actitud santificadora frente a la vida entera. El capítulo termina diciendo que el «taller donde hemos de trabajar incansablemente en todo esto es el recinto del monasterio y la estabilidad en la comunidad» (4.78). Todos estos preceptos son para desarrollar la vitalidad de la fe vivida en comunidad. La ascética, entendida de esta manera, «es una ayuda, una introducción del hombre en la unión con Dios y, dentro de ésta, en la unidad consigo, con todos los demás y con toda la creación». [22]

No son preceptos para inflar la vanidad religiosa del moralista hipócrita sino caminos para cultivar la pureza del corazón.

Misericordiosos con nosotros mismos

Por otra parte, para Benito, *la prueba de la espiritualidad no es el desprecio sacrificial de la vida personal sino el cuidado generoso de ésta.* Con la extensa tradición rigorista que pesa sobre la historia de la iglesia, hemos llegado a creer que amar a Dios es destruirnos a nosotros mismos e inmolarnos en el altar de las virtudes. Han sido muchos los héroes de la fe para quienes la violencia contra ellos mismos era prueba infaltable de su santidad. Benito había oído esto muchas veces. Zacarías, un cristiano primitivo, había dicho: «Dentro de mis cortos conocimientos, creo, Padre, que el monje es una persona que se hace violencia en todo». Y otro le había dicho a su comunidad: «Queridos hijos, haceos también vosotros un poco

---

22. *Ibid.*, p. 101.

de violencia para que consigáis la única virtud, pues escrito está: El Reino de Dios pertenece a quienes se hacen violencia».[23] La mortificación del cuerpo, la violencia psicológica y la austeridad extrema han formado parte del arsenal ascético de muchos círculos cristianos a través de la historia.

Benito entiende la espiritualidad y el amor a Dios de otra manera. Para él, damos gloria a Dios cuando nos cuidamos a nosotros mismos. El arte de la vida sana y de la existencia plena se percibe con mucha claridad, por ejemplo, cuando ordena en su Regla los asuntos más sencillos de la vida cotidiana, como la distribución de los horarios del día, el respeto de los lugares y de los tiempos de descanso, el derecho a la lectura (c. 48), la administración de la economía interna, la asignación de los vestidos, las pautas para disfrutar de las pertenencias personales (c. 33), las pautas para beber algo de vino (c. 40), el cuidado de los enfermos (c. 36), la atención de los niños (c. 37), la restauración de los pecadores (c. 44-46) y el derecho al trabajo (c. 48), entre otras instrucciones que velan por el bienestar de todos. En esto, Benito se guía

> ... por el reconocimiento hecho por la antigüedad en el sentido de que un buen orden exterior es capaz de poner en orden al ser humano. Y responde también a la intención de la medicina antigua, que había reconocido como una tarea muy importante introducir el arte de vivir sanamente. Para poder vivir sanamente el hombre necesita una forma de vida equilibrada. La Regla es, para Benito, la descripción de una forma que resulta benéfica para el individuo y la comunidad. [24]

Estas lecciones de espiritualidad saludable son necesarias hoy más que nunca. Los servidores del Reino de Dios, ante las nuevas presiones, viven expuestos a muchos males ocasionados por la so-

---

23. Citado por Anselm Grün en *Portarse bien con uno mismo*, Sígueme, Salamanca, 2001, p. 9.
24. A. Grün, *op. cit.*, 2003, p. 106.

brecarga de trabajo, el descuido de la salud física, el escaso tiempo para la vida familiar, la incapacidad para disfrutar del tiempo libre (ocio creativo) y el manejo, muchas veces inadecuado, de la sexualidad y la culpa. Benito nos recuerda la urgencia de rescatar el valor terapéutico de la vida espiritual y de ser compasivos y misericordiosos con nosotros mismos.

Nuestra piedad debe practicarse sin tiranía, nuestro ministerio sin autodestrucción, y nuestro servicio al Reino sin arrogancias mesiánicas que acaben con lo mejor de la vida.

El camino comunitario

También para Benito, *el espacio preferencial para el desarrollo de la espiritualidad no es el individuo aislado sino la comunidad cristiana abierta al mundo*. Benito, desde las primeras páginas de su Regla, dejó en claro que la comunidad era para el monje el taller donde maduraba la vida espiritual (RB 4. 78). Una diferencia esencial entre Benito y otros grandes maestros de su tiempo es que él está convencido de que la vida espiritual se lleva a cabo en comunidad. En el capítulo 72 de la Regla, se pide a los monjes tolerar «con suma paciencia sus debilidades tanto físicas como morales». Y añade:

> Se emularán en obedecerse unos a otros. Nadie buscará lo que juzgue útil para sí sino más bien para otros. Se entregarán desinteresadamente al amor fraterno. Temerán a Dios con amor. Amarán a su abad con amor sincero y sumiso. Nada absolutamente antepondrán a Cristo; y que él nos lleve a todos juntos a la vida eterna (RB 72. 5-12).

Estamos ante uno de los capítulos más apreciados de toda la Regla; una «joya preciosa», según algunos, y el «testamento de Benito» según otros.

Benito y sus monjes sabían que «allá abajo» la sociedad vivía la fragmentación en todas sus formas y se debatía entre las luchas de poder y la ambición por sobresalir a todo precio. Por eso, en el monasterio, se ensayaba, como en un laboratorio del Espíritu, una novedosa forma de vivir en comunidad. Treinta personas ensayaban ser una comunidad alternativa y paradigmática que diera muestras del amor de Dios y que anunciaran a la decadente Roma que *otra forma de vivir era posible*. ¡Y sí que lo consiguieron! Ellos esbozaron un modelo de vida que, con el tiempo, «operó en Occidente en forma estabilizadora y conciliadora».[25] La Regla no desarrolla una teología de la comunidad; ese trabajo lo hicieron después los sistematizadores de la fe. La tarea de Benito se concentró en los aspectos pastorales, como el manejo de los conflictos, el sistema de autoridad interno, las prácticas espirituales en común y las condiciones mínimas para la convivencia diaria. Lo que más le interesaba al maestro de Montecasino era considerar un marco posible para que una comunidad humana de creyentes diera testimonio de la presencia de Dios en medio de ella. Él pensó en un proyecto real y concreto, con seres humanos pecadores marcados por su humanidad, pero asistidos por la presencia del Espíritu.

Cristo es el centro de la comunidad y no la comunidad misma. Cristo es la meta que todos comparten, por eso dice: «Nada absolutamente antepondrán a Cristo»; una frase tomada de la espiritualidad de los mártires que muestra que

> ... Benito está convencido de que la convivencia sólo se logrará si los monjes están imbuidos del espíritu de los mártires, de su disponibilidad a la entrega, de su valor para comprometerse totalmente con Cristo y para dar testimonio de él. Si la comunidad vive centrada en sí misma, en el bienestar de cada uno de los miembros, pronto se disolverá. [26]

---

25. *Ibid.*, p. 99.
26. *Ibid.*, p. 104.

Esta centralidad de Cristo deberá retomarse siempre que se aspire a formular una teología mínima de la vida en la comunidad de fe; sobre todo hoy, cuando experimentamos en nuestras iglesias una evidente *crisis de comunidad* que tratamos de resolver torpemente con técnicas de animación psicológica o con atractivas ofertas de mercadeo eclesial. Igual aplicación se podría hacer para la crisis de otras formas de comunidad como la que experimenta la familia, la organización de servicio cristiano y la institución de educación teológica, entre otras.

Los monjes entendieron la lección del abad: si Cristo está en el centro, las necesidades personales pueden esperar a favor de las necesidades de los demás, en quienes Cristo se revela (Cf. RB 2.1-2). Si Cristo está en el centro, él se manifiesta cada día y lo puede hacer por medio de los demás, aún del más sencillo (RB 3.3). La presencia de Cristo es el motivo para la sujeción mutua, para la obediencia, para el amor fraterno, para la hospitalidad (RB 53.1), para el ejercicio humilde de la autoridad (RB 2.2) y, algo muy importante, para lidiar con las imperfecciones de la comunidad y no huir de ella.

Baúl lleno de joyas

La espiritualidad benedictina es un baúl antiguo lleno de finas joyas. Además de las que ya hemos mostrado, su sentido mistagógico, su enfoque terapéutico y su índole comunitaria, hay otras como su perspectiva humanizadora, su ascesis transformadora, su visión cósmica, su intención liberadora y su propuesta de liderazgo humilde, servidor, participativo y muy arisco a los engaños del poder. El segundo capítulo, titulado *Cómo debe ser el Abad*, ofrece un impresionante modelo para una *espiritualidad cristiana del liderazgo*. Allí se le recuerda al abad que «su misión es la de dirigir almas de las que tendrá que rendir cuentas» (RB 2.34), y antes había dicho que tuviera presente lo que es y el nombre con el que se lo llama, «sin olvidar que a quien mayor responsabilidad se le confía, más se le exige»

(RB 2.30). Con respecto al liderazgo benedictino, Joan Chittister nos dice:

> Los líderes de Benito han de hacer nacer almas de acero y luz; han de liderar el grupo, no de manipularlo; han de vivir la vida que lideran; han de amar indiscriminadamente; han de favorecer a los buenos, no a los favoritos; han de hacer a la comunidad un llamamiento a las alturas, las profundidades y la anchura de la vida espiritual; han de recordar sus debilidades personales y regocijarse con ellas, a fin de tratar con ternura las debilidades de los demás; han de atender más los aspectos espirituales de la vida comunitaria que los físicos; y, finalmente, han de salvar su propia alma en el proceso, ser seres humanos y crecer en la vida ... [27]

¿Curarse o aliviarse?

Benito de Nursia, quince siglos después, es una voz que resuena desde Montecasino. Su vida y su Regla nos ofrecen una propuesta para la espiritualidad y el liderazgo de nuestro tiempo. Las ventajas son muchas; la desventaja una: no ofrece una receta fácil. En esto se parece a Jesús. Su espiritualidad no se ajusta a las demandas masivas de las iglesias de hoy. Si lo que se pide es «madurez en un minuto», «crecimiento en un año» y «éxito ahora mismo», entonces habrá que buscar en otra parte.

Los ancianos cuentan la historia de una persona angustiada que acudió a un santo varón en busca de ayuda. «¿Quieres realmente curarte?», preguntó el santo varón. «Si no lo quisiera, ¿para qué había de molestarme en venir hasta ti?», respondió el discípulo. «La verdad —dijo el maestro— es que eso es lo que ocurre con la mayor parte de la gente». El discípulo dijo incrédulamente: «Entonces ¿a qué vienen?». Y el santo varón respondió: «Bueno, no vienen bus-

---

27. Joan Chittister, *op. cit.*, pp. 58-59.

cando curarse, porque resulta doloroso; solamente vienen en busca de alivio».

Esto sucede con Benito. Ofrece curarnos, aunque sea doloroso. A nosotros nos queda escoger entre el dolor del crecimiento o el alivio de la inmadurez; entre ser una iglesia que se arriesga a pagar el precio de la imitación, o una que se resigna y se alivia con las comodidades del éxito. Ser fiel es doloroso, pero sana. ¡Es hora de huir del alivio pasajero!

Preguntas para la reflexión y el diálogo

La espiritualidad y el liderazgo
en nuestra experiencia diaria

1. *Moralidad sin moralismo*: ¿Qué entendemos por moralidad? ¿Cuál es la diferencia entre moralidad (bíblica y necesaria) y el moralismo (antibíblico y legalista)?

2. *Desprecio sacrificial*: ¿De qué maneras se expresa el «desprecio sacrificial» de la vida personal entre los servidores de la obra de Dios (salud, familia y tiempo libre, entre otros)?

3. *Comunidad en crisis*: En este capítulo se afirma que «experimentamos en nuestras iglesias una evidente *crisis de comunidad* que tratamos de resolver torpemente con técnicas de animación psicológica o con atractivas ofertas de mercadeo eclesial». ¿Es cierta esta crisis en el caso particular de las iglesias de su sector (ciudad o pueblo)?

Nos dice la Biblia

Henry J. M. Nouwen dice que: «Una vida espiritual sin disciplina es imposible. La disciplina es el otro lado del discipulado». Al leer Filipenses 3.8-16, ¿qué señales de disciplina saludable recomienda el apóstol? ¿A qué se refiere Pablo con «sigamos una misma regla» (Fil 3.16)?

Desafíos para nuestra espiritualidad
y nuestra manera de ejercer el liderazgo

1. ¿Qué testimonio puedo comentar —mío o de la experiencia de otra persona— acerca de cuidar la vida personal (salud, familia y tiempo libre, entre otros) como parte integral de la alabanza al Señor? (Ro 12.1; 1Co 3.16-17).

2. ¿Qué ideas propongo para que el programa de educación cristiana de nuestra comunidad eclesial haga aportes significativos para el desarrollo espiritual y el logro de «un corazón puro»? (Pr 4.23).

3. ¿Cuáles son algunas sugerencias para lograr comunidades eclesiales más participativas, democráticas y «horizontales» en su modelo de gobierno? ¿Cómo se relacionan estas sugerencias con el estilo de liderazgo?

Algo más acerca del benedictismo

(La *Regla* de Benito: perspectiva del liderazgo)

A continuación se presentan algunos párrafos de la Regla que permiten apreciar los distintivos del liderazgo que nos propone Benito, como la *humildad*, el *servicio* y la *equidad*. Antes de cada cita, se hace una breve introducción a los principios de liderazgo que ella enuncia.

El líder como representante de Cristo

Benito no quiere reglamentar la comunidad para seguir viviendo igual a los romanos del siglo 6; lo que busca es una comunidad alternativa donde los valores de la sociedad sean alterados, sobre todo los que tienen que ver con el uso del poder y las funciones de los superiores. El abad, para él, no debe dirigir como si fuera un rey, sino como digno representante de Cristo, cumpliendo su función como lo haría su mismo Señor. Propone, entonces, ejercer el liderazgo como un ministerio vicario, o representativo del mismo Jesús.

> El abad que es digno de regir un monasterio debe acordarse siempre del título que se le da y cumplir con sus propias

obras a su nombre de superior. Porque, en efecto, la fe nos dice que hace las veces de Cristo en el monasterio, ya que es designado con su sobrenombre, según lo que dice el Apóstol: «Habéis recibido el espíritu de adopción filial que nos permite gritar: ¡Abba! ¡Padre!». Por tanto, el abad no ha de enseñar, establecer o mandar cosa alguna que se desvíe de los preceptos del Señor, sino que tanto sus mandatos como su doctrina deben penetrar en los corazones como si fuera una levadura de la justicia divina (RB 2.1-5)

El trabajo del líder: vivir los ideales

El abad busca que los miembros de la comunidad monacal vivan el evangelio, y para eso debe instruirles de dos maneras: con las palabras y con su vida. Por lo tanto, el abad no está por encima de todos en la comunidad como si se tratara de un director admirable, sino que está en el centro de ella como maestro y modelo. A los «duros de corazón» y a «los simples» se les gana no imponiéndoles los preceptos sino mostrándoles con su propia vida que esos preceptos convienen. El líder no tiene por qué exigir que se cumpla aquello a lo cual él mismo no se somete.

> Por tanto, cuando alguien acepta el título de abad, debe enseñar a sus discípulos de dos maneras; queremos decir que mostrará todo lo que es recto y santo más a través de su manera personal de proceder que con sus palabras. De modo que a sus discípulos capaces les propondrá los preceptos del Señor con sus palabras, pero a los duros de corazón y a los simples les hará descubrir los mandamientos divinos en la conducta del abad. Y a la inversa, cuando indique a sus discípulos que es nocivo para sus almas, muéstrelo con su conducta que no debe hacerlo, «no sea que después de haber predicado a otros, resulte que el mismo sea condenado» (1 Co 9.27 ; RB 2.11-14).

Liderazgo sin discriminaciones

En el monasterio (laboratorio de vida transformada) Benito propone que el abad trate igual a todos los miembros, sin distinción. ¡Qué locura! Era locura si se tiene en cuenta su época, caracterizada por las jerarquías estrictas, la estratificación social y los títulos nobiliarios. Las diferencias no están dadas por otra cosa que por «los méritos de cada cual», lo que significa el compromiso espiritual y la madurez en Cristo. La Regla busca seres humanos caracterizados no por su posición jerárquica sino por su jerarquía espiritual; en esto no quiere que haya engaños.

> No hagas en el monasterio discriminación de personas. No amarás más a uno que a otro, de no ser al que hallare mejor en las buenas obras y en la obediencia. Si uno que ha sido esclavo entra en el monasterio, no sea propuesto ante el que ha sido libre, de no mediar otra causa razonable. Mas cuando, por exigirlo así la justicia, crea el abad que debe proceder de otra manera, aplique el mismo criterio con cualquier otro rango. Pero, si no, conserven todos la precedencia que les corresponde, porque «tanto esclavos como libres, todos somos en Cristo una sola cosa» (Ef 6.8; Gá 3.28; Ro 2.11) y bajo un mismo Señor todos cumplimos un mismo servicio, «pues Dios no tiene favoritismos». Lo único que ante él nos diferencia es que nos encuentre mejores que los demás en buenas obras y en humildad. Tenga, por tanto, igual caridad para con todos y a todos aplique la misma norma según los méritos de cada cual (RB 2.16-22).

Liderazgo espiritual y vulnerabilidad

Los líderes de Benito son, ante todo, guías espirituales y formadores de seres humanos; eso no significa que sean héroes invencibles de la espiritualidad. Su autoridad, como ya se dijo, depende de su vida coherente, pero no de su impecabilidad. Esta diferencia es importante para no caer en la superioridad espiritual, que es peor que otras hegemonías (económicas, sociales, eclesiásticas). El abad de la Regla es otro ser humano, que anima a los monjes a luchar con ellos mismos, no porque él no sea débil «sino porque conociendo [sus] debilidades y admitiéndolas, [puede] enseñar con gran confianza a confiar en Dios, que observa con paciencia [sus] insignificantes esfuerzos y [sus] necios fracasos». [28]

El liderazgo es espiritual cuando lo que busca es que la comunidad crezca integralmente y no sólo en su rendimiento y eficiencia. A Benito sí le interesa que las labores del monasterio se hagan bien, pero sobre todo que allí se viva bien y se dé testimonio de lo que significa estar en Cristo. De esto trata el liderazgo espiritual.

> Sepa también cuán difícil y ardua es la tarea que emprende, pues se trata de almas a quienes debe dirigir y son muy diversos los temperamentos a los que debe servir. Por eso tendrá que halagar a unos, reprender a otros y a otros convencerles; y conforme al modo de ser de cada uno y su grado de inteligencia, deberá amoldarse a todos y lo dispondrá todo de tal manera, que, además de no perjudicar al rebaño que se les ha confiado, pueda también alegrarse de su crecimiento (RB 2.31-32).

> Incluso cuando tenga que corregir algo, proceda con prudencia y no sea extremoso en nada, no sea que, por querer raer demasiado la herrumbre, rompa la vasija. No pierda de vista nunca su propia fragilidad y recuerde que no debe quebrar la caña hendida (RB 64.12-13).

Discernimiento comunitario

Aprender a discernir es un arte de difícil práctica. En el liderazgo tradicional, quien discierne es el líder como individuo aislado, basado en su experiencia, en sus recursos técnicos y en su «sabidu-

---

28. Joan Chittister, *op. cit.*, 2003, p. 56.

ría» indiscutible. Benito presenta el lugar que tiene toda la comunidad en el proceso de decidir lo que es mejor para todos y anima al abad a incluir a todos en el proceso de las decisiones. Aún la persona que aparentemente no tiene mucho que decir o aportar, quizá sea quien traiga la mejor solución, pues muchas veces «el Señor revela al más joven lo que es mejor»; así que nadie debería quedar por fuera. Al fin y al cabo, la autoridad que se ejerce ante un grupo es para bien o para servicio del grupo y no para exaltar la figura del dirigente. El abad de una comunidad benedictina es quien tiene la última palabra («reflexione a solas y haga lo que juzgue conveniente»), pero no la única palabra.

> Siempre que en el monasterio hayan de tratarse asuntos de importancia, el abad convocará a toda la comunidad y expondrá él personalmente de qué se trata. Una vez oído el consejo de los hermanos, reflexione a solas y haga lo que juzgue más conveniente. Y hemos dicho intencionadamente que sean convocados todos a consejo, porque muchas veces el Señor revela al más joven lo que es mejor (RB 3.1-3).

Auténtica humildad

La humildad es uno de los grandes pilares de la espiritualidad benedictina, pero la humildad auténtica, la que proviene del seguimiento imitativo de Jesús: siendo como él. La humildad, base de la paciencia, de la comprensión y de la caridad, no es una técnica que se aprende por medio del entrenamiento conductual, sino que nace de la vida espiritual capaz de renunciar a la voluntad propia para dar paso a la voluntad del Padre; es asunto de fe.

> El segundo grado de humildad es que el monje, al no amar su propia voluntad, no se complace en satisfacer sus propios deseos, sino que cumple con sus obras aquellas palabras del Señor: «No he venido para hacer mi voluntad, sino la del que me

ha enviado». Y dice también la Escritura: «La voluntad lleva su castigo y la sumisión reporta una corona» (RB 7.31-33).

Saber delegar, saber compartir

Para Benito, el arte de saber delegar consiste en la capacidad de poder compartir las responsabilidades y dejar de tener el control exclusivo de todo lo que sucede en la comunidad. Delegar bien es más que un acierto gerencial: es un logro en la maduración psicológica y espiritual del líder. La comunidad es de la comunidad y no del abad; por eso se deben confiar tareas y responsabilidades en los demás miembros del grupo, siempre cuidando cómo se elijan las personas con cargos de responsabilidad especial (los decanos, en este caso), no siguiendo criterios de poder o de falsas apariencias sino «según el mérito de vida y la dirección de la doctrina»: esto es, según lo que realmente importa y no lo que dicta la escala de intereses políticos.

> Si la comunidad es numerosa, se elegirán de entre sus miembros hermanos de buena reputación y vida santa, y sean constituidos como decanos, para que con solicitud velen sobre sus decanatos en todo, de acuerdo con los preceptos de Dios y las disposiciones del abad. Sean elegidos decanos aquellos con quienes el abad pueda compartir con toda garantía el peso de su responsabilidad. Y no se les elegirá por orden de antigüedad, sino según el mérito de vida y la dirección de la doctrina (RB 21.1-4).

5

La espiritualidad como praxis de la libertad

Espiritualidad y liderazgo en la Reforma luterana[1]

> Hoy todo el mundo admite que no [fueron] las circunstancias sociales, ni siquiera los abusos del clero los que provocaron la Reforma. El origen real se ha de buscar en el campo de la espiritualidad y el pensamiento religioso.
>
> *Joan Busquets*[2]

Que a un escrito de Lutero se lo califique de desapasionado —o sin tanta pasión— ya es de por sí un hecho llamativo.[3] Esto es lo que sucede con el tratado

---

1. En este capítulo se explora la espiritualidad de Lutero tal cual se refleja en uno de sus escritos: *La libertad cristiana* (1520). No es nuestro propósito examinar la espiritualidad de la Reforma magisterial en su dimensión más amplia sino la de uno de sus protagonistas principales. Al final del capítulo se exponen algunas de las implicaciones de esta espiritualidad para el ejercicio del liderazgo cristiano.

2. Joan Busquets, ¿Quién era Martín Lutero?, Sígueme, Salamanca, 1986, p. 105.

3. «Es la obra más desapasionada —o menos apasionada— de cuantas salieron de la pluma de Lutero», dice Teófanes Egido en Teófanes Egido, *Lutero. Obras*, Sígueme, Salamanca, 1977, p. 155.

titulado La libertad cristiana, que publicó en 1520, año en el que atravesaba por un «momento agitado» y rodeado de «circunstancias excepcionales».[4] El 11 de octubre de aquel año, Karl von Miltitz, representante del papa León X, se entrevistó con Lutero, días después de la publicación de la bula papal Exurge Domine, en la que se condenaba la doctrina luterana, «se entregaba al fuego sus obras, y le dejaba un plazo de sesenta días para someterse».[5]

De la conversación con von Miltitz salió la decisión de escribir «una carta sumisa a León X y de acompañarla de una relación de sus actuaciones, con la esperanza de limar aristas y de provocar la ya imposible reconciliación».[6] Por casi dos semanas Lutero trabajó en la redacción de los dos documentos, la carta y el breve texto sobre la libertad. En el primero ratifica sus posiciones y deja ver que la reconciliación no es posible. Con palabras respetuosas hacia «la persona de León X, pero insultantes hacia la institución del papado, convence de sobra de que la vuelta atrás tenía que reducirse al campo de las ilusiones —no realidades— irenistas».[7] En cuanto al segundo, el de la libertad, su autor le presta esmerada atención; lo redacta primero en alemán, dirigido al pueblo en general, y después en latín, para los humanistas y letrados a quienes desea mostrarles la calidad de sus argumentos.

Un texto diferente

A este texto acerca de la libertad se le conoce también como el «tercero de los escritos de Reforma», siendo el primero Carta a la nobleza de la nación alemana y el segundo La cautividad babilónica de la Iglesia. Los tres fueron escritos durante el mismo año: 1520. En

---

4. *Ibid.*, p. 155.
5. Lucien Febvre, *Martín Lutero: un destino*, Fondo de Cultura Económica, México, 1994 (8ª ed.), p. 146.
6. T. Egido, *op. cit.*, p.155.
7. *Ibid.*, p. 155.

los tres escritos se refiere a la libertad, aunque usa un tono diferente y un énfasis distinto en cada uno. En la Carta, y usando un tono polémico, se dirige «a las autoridades seculares, porque ya no acepta la tesis medieval de la superioridad del orden eclesiástico sobre el laico, ya que "todos los cristianos pertenecen, en verdad, al mismo orden y no hay entre ellos diferencia excepto de cargo"».[8] Se trata, entonces, de buscar la libertad frente a la opresión del sistema eclesiástico, mención que tiene, como veremos más adelante, clara repercusión sobre el ejercicio del liderazgo y sobre la nueva estructura de autoridad. En La cautividad babilónica de la Iglesia aboga por otra liberación, la del sistema sacramental del catolicismo romano. Propende por «sacar al cristiano de su cautiverio»; y «sabía muy bien que con ello erosionaba una de las fibras más sensibles de la espiritualidad medieval».[9] Ambas son obras demoledoras con las cuales lanza un grito emancipador.

De las tres obras, La libertad cristiana es la más paciente y tranquila. Atrás queda, por ahora, su tono impetuoso, aunque no la contundencia de sus palabras para declarar una libertad que ha de reclamarse con igual apremio: la libertad «universal, interna, espiritual del cristiano en virtud de su fe»[10]. Desde las primeras líneas, y recurriendo vez tras vez a los escritos paulinos, Lutero argumenta su tesis: «El cristiano es un hombre libre, señor de todo y no sometido a nadie; el cristiano es un siervo al servicio de todos y a todos sometido».[11] La paradoja sirve como estructura de su lógica: entre «el libre siervo» y «el siervo libre» el reformador construye su argumento y esboza una propuesta de espiritualidad subversiva para aquella época y transformadora para la nuestra. La libertad es la «llave hermenéutica» para discernir el mayor y más revolucionario legado espiritual de

---

8. Joaquín Abellán en *Martín Lutero. Escritos políticos*, Grandes obras del pensamiento (Tomo 82), Altaya, Barcelona, p. 3.
9. T. Egido, *op. cit.*, p. 86.
10. *Ibid.* p. 155.
11. Martín Lutero, *Ibid.*, p. 157.

la Reforma del siglo 16. Lutero se aferra a la libertad que viene por la fe. Afirma que ésta es la libertad del cristiano, «la fe sola».

Para Lutero, como también lo declaran los demás reformadores clásicos, la Reforma es, ante todo, libertad. Así, Juan Stam afirma con sobrada razón que «la Reforma fue, en su sentido más profundo, un proceso liberador en todas sus dimensiones»[12] y que todas las demás verdades reformadas no se podrían entender en su sentido pleno aparte de la libertad. Así, la sola gratia nos hace libres del legalismo, la sola Scriptura, del autoritarismo dogmático, el sacerdocio de todos los fieles nos libera del clericalismo, y la iglesia reformada siempre reformándose nos libera del tradicionalismo estático.[13] Las implicaciones de estos postulados, tanto para la espiritualidad como para el liderazgo, son desde ya innegables.

Un encuentro consigo mismo

El Lutero de 1520 es un ser que se debate entre la reprobación de la bula papal y la áspera contradicción de terribles enemigos como Juan Eck y Aleandro. Con la misma fuerza con que arreciaba la persecución, se fortalecían sus convicciones. «Lutero, en su complejidad viva, se presta a muchos» dice Lucian Febvre, «no se da a ninguno, toma de todos y vuelve a encontrarse consigo mismo en su conciencia enriquecida».[14] Su espíritu respira libertad.

Apoyado en los escritos del apóstol desarrolla su argumento: para que un cristiano pueda decirse y ser justo y libre es necesario que haya acogido la Palabra de Dios predicada por Cristo.

---

12. Juan Stam, «Haciendo teología desde América Latina» en Arturo Piedra, *Juan Stam: un teólogo del camino*, Tomo 1, LAM-Visión Mundial-FTL-UBL, Guatemala, 2004, p. 242.
13. *Ibid.*, p. 242.
14. L. Febvre, *op. cit.*, p. 143.

Debemos tener, por tanto, la certeza de que el alma puede prescindir de todo menos de la Palabra de Dios, lo único capaz de ayudarla. Nada más necesita si posee la Palabra de Dios; en ella encuentra toda satisfacción, comida, gozo, paz, luz, inteligencia, justicia, verdad, sabiduría, libertad y todos los bienes en sobreabundancia (c. 5).

Sólo la Palabra de Cristo justifica y hace libre al cristiano; ella le expone ante la realidad de su propio corazón. Es la Palabra de Cristo la que le convence de su pecado y de su incapacidad de obrar bien delante de Dios. Entonces, sabe que «no merece más que la eterna perdición» (c. 6). Esta convicción nos permite desconfiar de nosotros mismos y de nuestra capacidad para labrar nuestra libertad. Es una libertad concedida por la gracia de Cristo. Confiar en él es desconfiar de nosotros mismos como autores de la salvación (libertad).

Pero Lutero se pregunta: ¿Cómo se puede entender que, por una parte, la fe sola, sin obras de ninguna clase, sea la que justifique y, por otra parte, que la misma Escritura contenga tantos mandamientos, obras y leyes? Y responde que lo único que pueden los preceptos es señalar lo que hay que hacer, pero no enseñan cómo hacerlo. «Enseñan mucho, pero sin prestar ayuda; muestran lo que debe hacerse, pero no confieren fortaleza para realizarlo» (c. 8) Por lo tanto, por esta vía del fracaso nos conduce hacia la desconfianza redentora en nosotros mismos. «Su finalidad exclusiva es la de evidenciar al hombre su impotencia para el bien y forzarle a que aprenda a desconfiar de sí mismo» (c. 8). Pero lo que es imposible por nuestro escuálido esfuerzo es posible por medio de la fe. Al cristiano «le basta con la fe; no necesita obra alguna para ser justificado» (c. 10). De este modo se desliga de todos los preceptos y leyes; «y si está desligado, indudablemente es libre» (c. 10).

Conforme a los antiguos

La espiritualidad expuesta por el reformador en esta primera parte de su tratado recoge lo más granado de la tradición espiritual antigua según la cual nadie puede llegar a Dios por su propio esfuerzo. Desde los primeros siglos los padres espirituales enseñaron la importancia de mirar hacia el interior del corazón para descubrir, en aquella oscuridad, la realidad de nuestros fracasos y la impotencia de todo esfuerzo humano. El encuentro con la realidad desgarradora era, para los antiguos, la antesala de la gracia; pues sólo quien se encuentra con la verdad de su propio corazón puede levantar la mirada al cielo para implorar la gracia de Dios y el cobijo de su amor. A Isaac de Nínive, monje del siglo 12, se atribuye el siguiente consejo:

> Esfuérzate por penetrar en la sala de los tesoros de tu interior y te encontrarás en los tesoros del cielo. Aquella y éstos son una misma cosa... Salta desde el pecado para buscar en lo más profundo de tu alma, y encontrarás una escalera para ascender. El camino hacia Dios es aquí, bajada a la propia realidad. El salto para buscar en las profundidades se da desde el trampolín del pecado. Es él precisamente el que me puede lanzar al abandono de los ideales del espíritu forjados por mí mismo y lanzarme a las profundidades del alma. Allí están juntos mi corazón y Dios. Allí está también la escalera para ascender a él.[15]

Asciende sólo quien ha descendido. Se aferra a la gracia sólo quien reconoce la profundidad de su pecado y se declara incapaz para redimirse por sí mismo. No hay lugar, entonces, para la vanagloria. Ésta es una espiritualidad que parte de la incapacidad humana y, desde ella, acude a Dios como único consuelo. No cabe la autosuficiencia de los sistemas religiosos que prometen la auto-salvación por medio del sacrificio. Tampoco queda lugar para la fe arrogante

---

15. Citado por Anselm Grün y Meinrad Dufner, *Una espiritualidad desde abajo. El diálogo desde el fondo de la persona*, Narcea, Madrid, 2002, pp. 36-37.

que desprecia al caído y margina al pecador. Jesús nos ha libertado, por su gracia, para proteger y no marginar, para incluir y no despreciar, para amar sin exigencias hipócritas de perfección. En su gracia somos libres para abrazar a todos por igual, «pues todos han pecado» (Ro 3.23), y para acoger nuestra propia humanidad, pecadora, pero redimida por la gracia de Cristo: «la dádiva de Dios es vida eterna en Cristo Jesús, Señor nuestro» (Ro 6.23).

Por el fracaso se acude a Cristo. La derrota reiterada nos conduce a la gracia redentora. Ésta era la misma lección enseñada por Doroteo de Gaza, en el siglo 6, quien creía que todas las limitaciones humanas y fracasos con los que tropezábamos, e incluso las faltas y pecados, estaban llenos de sentido. «Exactamente la caída, el pecado, puede convertirse en pedagogo que enseña el camino hacia Dios.»[16] O, como lo expresa Lutero, cuando el ser humano ha fracasado en su intento de cumplir los mandamientos, es entonces cuando cobra sentido la promesa que nos invita a mirar a Cristo, creer en él y recibir «toda gracia, justificación, paz y libertad» (c. 9).

Lutero recupera de esta manera una de las bases primordiales de la espiritualidad bíblica, afirmada también durante los primeros siglos por los llamados padres y madres del monacato antiguo: la espiritualidad que nos permite albergar a todos los seres humanos sin distinción y que promueve la aceptación misericordiosa de nuestra propia humanidad. ¡Una espiritualidad que nos libera para acoger a todos con actitud fraterna!

Mística y señorío espiritual

Pero el tratado de Lutero continúa. Después de afirmar la incapacidad del ser humano para justificarse por sus propios méritos, declara siguiendo su argumento, que quien se haya acogido a la gracia de Cristo por medio de la fe lo posee todo. Es un ser libre y, por lo

---

16. Anselm Grün y Meinrad Dufner, *op. cit.*, p. 37.

tanto, señor de todo. No por sus méritos, insiste, sino por lo que Cristo ha hecho por él. En Cristo recibimos la doble investidura de reyes y sacerdotes. Y añade: «Sucede así, que el cristiano, por la fe, se encumbra tanto sobre todas las cosas que se torna un señor espiritual de todo. Nada puede estorbarle su bienaventuranza; al contrario, todo le tiene que estar sometido y todo tiene que cooperar a su salvación» (c. 15). Este señorío tiene una dimensión espiritual, no material; no significa que el creyente redimido por Cristo se haga partícipe de todos los bienes de este mundo y escape a las tribulaciones propias de su ser físico y mortal. No es en esto que consiste su señorío. Lo dice así: «No quiere ello decir que nos constituyamos en dueños poderosos de las cosas corporales para dominarlas y poseerlas como hacen los hombres de aquí abajo» (c. 15). Lutero previene desde entonces contra las desviaciones de la falsa prosperidad.

Así como Cristo, el creyente es *rey*, señor de todo, y también *sacerdote* que tiene poder delante de Dios para estar en su presencia e interceder por los demás. Y que quede claro que la realeza y el sacerdocio no dependen del estado clerical, pues «ninguna distinción establece la sagrada Escritura». Tan cristiano es el laico como el clérigo, el sacerdote o el fraile. La fe es la única condición para esta gracia. «No obstante, el que no cree en Cristo no tiene nada a su servicio, es un siervo de todo, cualquier cosa le asustará. Su plegaria no es grata ni llega a la presencia de Dios» (c. 16). Las implicaciones de este principio espiritual para la práctica del liderazgo y para el ejercicio de la autoridad son obvias.

Según sus biógrafos, cuando en esta parte Lutero se refiere a la presencia de Dios, «toca cimas señeras, y su vocabulario y su idea acuden a expresiones de la más entrañable mística nupcial».[17] Declara que cuando un alma cree con firmeza en la Palabra de Dios, Dios mismo la colma de sus gracias, le concede libertad, la hace dichosa y, además, «la une con Cristo como una esposa se une con su esposo.

---

17. T. Egido, *op. cit.*, p. 156.

De este honor se sigue, como dice san Pablo, que Cristo y el alma se identifican en un mismo cuerpo»; bienes, felicidad, desgracia y todas las cosas del uno y del otro se hacen comunes» (c. 12). Lutero refleja en esto su rica herencia del misticismo clásico, el que conocía bien y del que nunca renegó. Muchos de sus escritos dejan ver esa influencia. De los místicos procedía, en gran parte, su convicción de que nadie estaba obligado a guardar los preceptos de la Iglesia si Dios, en su soberanía, lo arrebataba en un éxtasis o le enviaba una iluminación especial ordenándole hacer algo contrario a la tradición eclesial, porque «más vale obedecer a Dios que a los hombres».[18]

Para Lutero, la fe, además de liberar de las obras y de cubrir el pecado, transfigura y «produce un intercambio gozoso forjado en el encuentro de la promesa y de la aceptación fiducial: Cristo y el alma se identifican y se intercomunican cuanto son y cuanto tienen».[19] Éstas son frases en las que retumba el eco de los místicos. Es que el reformador de Eisleben es «heredero del movimiento de la *devotio moderna* que desde finales del siglo 14 y a partir de Holanda se extiende silenciosamente por toda Europa, influyendo en pequeños grupos de cristianos».[20] Uno de los principales escritos de este movimiento es *La imitación de Cristo*, de Tomas de Kempis. Texto que muestra el fondo de la *devotio moderna*: una vida expuesta a la transformación personal y comunitaria, desprecio por los bienes pasajeros de este mundo, crítica a la Iglesia institucionalizada, piedad subjetiva, seguimiento de Jesús, apego a las Escrituras e intimidad del alma con Dios, entre otras.[21] Lutero bebe de esta fuente de inconformes que rechazan la manipulación de la fe por parte de los clérigos y que buscan, en una relación libre y personal, el apego de su alma a Dios.

---

18. Elémire Zolla, *Los místicos de Occidente III. Místicos italianos, ingleses, alemanes y flamencos de la Edad Moderna*, Barcelona Paidós, 2000. p. 330.
19. T. Egido, *op. cit.*, p. 156.
20. J. Busquets, *op. cit.*, p. 105.
21. *Ibid.*, pp. 112-113.

Otros influjos revelan el tono místico de Lutero: Bernardo de Claraval (1090-1153), por ejemplo, uno de los más grandes maestros de la historia de la espiritualidad cristiana, quien vivió entre los siglos 11 y 12 y a quien Lutero leía con avidez desde su época de monje agustino. También los dominicos de la llamada *espiritualidad renana*, como el maestro Eckhart (siglos 13-14), Enrique Suso (siglos 12-14) y Juan Taulero (siglo 14). De todos ellos aprendió cómo buscar a Dios y penetrar en sus misterios insondables. Lutero era un hombre sediento de Dios. La teología no era más que otra senda para el mismo camino. Prueba de ello fue la conmoción que le produjo el descubrimiento de un texto conocido con el título de *Teología germánica*, escrito por un autor anónimo cerca del año 1350.

Hasta donde se sabe, la *Teología germánica* surgió del movimiento de renovación espiritual que se produjo en Alemania en el siglo 14, conocido como «Los amigos de Dios». «Este dinámico movimiento enfatizaba la intimidad con Dios, la vida piadosa y una obediencia completa a los mandamientos de Cristo».[22] En 1516, un año antes de las noventa y cinco tesis, el reformador había encontrado este breve escrito espiritual y «quedó tan impresionado que de inmediato le escribió una breve introducción y lo hizo imprimir en Wittenberg. Dos años más tarde encontró una copia más extensa, preparó una introducción más detallada y la publicó en 1518. Lutero decía que después de la Biblia y Agustín de Hipona nunca había leído algo tan útil como la *Teología germánica*».[23] ¿Y qué era lo que allí decía? Lo mismo que él escribió, en otras palabras, en la segunda parte de *La libertad cristiana*: «La felicidad completa no depende de ninguna cosa creada o de la obra de la criatura, sino solamente de Dios y de sus obras... Note ahora que la luz verdadera es Dios, es divina...».[24]

---

22. Richard J. Foster y James Bryan Smith (editores), *Devocionales clásicos*, Mundo Hispano-Visión Mundial, El Paso, 2005, p. 171.
23. *Ibid.*, p. 171.
24. *Ibid.*, 174-175.

En esta unión mística con Dios, Lutero encontró una fuente inagotable de su *espiritualidad liberadora*. Era una mística histórica orientada hacia el seguimiento de Jesús y la contemplación de su rostro en los acontecimientos de cada día. Lutero poseía aquello que Leonardo Boff llama un «saber sacerdotal sobre Dios».[25] Había sido arrebatado por un «saber místico, es decir, experiencial, urdido a base de encuentros con la divinidad».[26] Esos encuentros revitalizaron su fe y le permitieron conservar el entusiasmo y extraer fuerzas para luchar contra la religiosidad amañada y la fe convertida en institución. La intimidad con Dios lo liberó de las cadenas de la formalidad cúltica y legalista. De su experiencia legó al protestantismo otra de sus riquezas: ¡Una espiritualidad que nos libera para la intimidad restauradora con Dios!

Libres para servir

En la parte final de su escrito Lutero desarrolla el estimulante tema de la relación entre la fe y las obras. Por la claridad y contundencia de su argumento, uno supone que debería haber silenciado de una vez y para siempre las críticas insidiosas de sus vigorosos enemigos. Éstos decían que su «salvación por fe» y su «mística no era más que una vulgar excusa para desconocer las necesidades del mundo y actuar de manera insolente ante el prójimo necesitado». El reformador responde: «Ésta es la libertad cristiana: la fe sola. No quiere decir que con ello fomentemos la haraganería o que se abra la puerta a las obras malas, sino que no son necesarias las obras buenas para conseguir la justificación y la salvación» (c. 10). Este argumento se amplía: «No hacen bueno y justo a un hombre las obras buenas y justas, sino que es el hombre bueno y justo el que hace obras buenas y justas... No es la obra la que conforma al maestro, sino que la obra será cual sea el maestro» (c. 23).

---

25. Leonardo Boff y Frei Betto, *Mística y espiritualidad*, Trotta, Madrid, 1996, p. 18.
26. *Ibid.*, 18.

Las obras a las cuales se refiere son, en primer lugar, las que tienen que ver con la disciplina espiritual. Para Lutero la espiritualidad está relacionada con la disciplina y con el «trato del cuerpo». «Sucede así que el hombre no puede andar ocioso a causa de su propio cuerpo y que para someterle tiene que entregarse al ejercicio de muchas obras buenas... Cada uno puede así determinar la mesura y discreción que ha de usar en la disciplina de su cuerpo: ayunará, velará, trabajará todo lo que juzgue necesario para que el cuerpo reprima la malicia» (c. 21) En este sentido, alienta una ascesis[27] voluntaria, como *expresión libre* del amor a Dios. Advierte que tal disciplina, por sí misma, «no santifica, ni justifica ante Dios» (c. 21). Su motivo es el amor desinteresado y el único deseo de agradar a Dios.

En segundo lugar, Lutero se refiere a las buenas obras que hay que realizar a favor de los demás. Para él, el ser humano es un ser en relación, no vive aislado. Por eso, las obras ascéticas no son suficientes.

> Este es el motivo de que no le esté permitido presentarse vacío de obras ante los demás, y aunque ninguna de ellas le resulte necesaria en orden a la justificación y salvación, se ve forzado a hablar, a actuar con los otros. Por eso, su única y libre pretensión en todas las obras será la de servir a los demás.

Luego agrega que «las necesidades del prójimo es lo único que ha de tener en cuenta. Ésta sí que es una auténtica vida cristiana» (c. 26). De allí que crea que el cristiano es «un siervo al servicio de todo y a todos sometido». Sirviendo al prójimo, en especial «al que está en la indigencia y necesitado» (c. 27), rendimos culto a Dios por habernos socorrido cuando también nosotros estábamos en la indigencia y necesitados de su gracia. Valga anotar la estrecha relación

---

27. El término ascesis «designa propiamente un esfuerzo metódico para alcanzar una cierta meta, y más particularmente una meta de orden espiritual» en *Ascesis y ascética*: www.geocities.com/symbolos/s2rguen.htm

que existe entre esta verdad espiritual de Lutero —la de ser libres para servir— y el liderazgo al cual hemos hecho referencia desde el inicio de este libro.

El tratado termina diciendo que de todo lo dicho se concluye en «que un cristiano no vive en sí mismo; vive en Cristo y en su prójimo por el amor». Y sobre la libertad cierra con una frase maestra de fina espiritualidad: «Esta es la libertad auténticamente espiritual y cristiana: la que libera al corazón de todos los pecados, leyes y preceptos; está por encima de cualquier otra libertad, como lo está el cielo sobre la tierra» (c. 30). Si la fe sola es suficiente para la salvación, entonces ya disponemos de todo cuanto necesitamos. En este sentido se pregunta: ¿Para qué tener bienes que no podrán darnos más de lo que ya tenemos? Así, de la fe se desprende la razón para el amor fraterno y para mirar al prójimo «como si de uno mismo se tratase» (c. 29).

La eficacia de la fe

El prestigioso historiador español Teófanes Egido afirma, y con razón, que «bastaría leer esta segunda parte para deshacer el fácil tópico de que Lutero —el protestantismo— no exige obras, pese a que el *slogan* de *sola fides* diera pie a todas las posibles interpretaciones».[28] El alegato de la fe reformada nunca intentó resolver un binomio antagónico entre fe y obras sino entre «obras que justifican» y «obras que gratifican». Las obras, dijeron todos los reformadores, no justifican, ni dan salvación alguna; por eso, quien goza de la justificación por la sola fe, la expresa por medio de las obras. Son la forma de glorificar a Dios y de darle sentido a la fe en medio de las miserias de quienes más sufren. Calvino, el reformador de Ginebra, enseñaba que la fe se ejercita por medio de las buenas obras, y que ellas son la forma de demostrar que esa fe es cierta. Para él la fe, aunque reside en la intimidad del creyente, «sin embargo, se comunica

---

28. T. Egido, *op. cit.*, p. 156.

a los hombres mediante las buenas obras». Enseñaba Calvino que es como si se dijera «que tu fe, al comunicarse, pueda demostrar su eficacia en toda cosa buena».[29] Esta teología sirvió como fundamento de la injerencia política y social del naciente protestantismo del siglo 16. Fueron convicciones que encendieron llamas de revolución y de cambio en la vieja Europa, caracterizada en aquel momento por una religiosidad intrascendente y caduca que había convertido las buenas obras en fuente de ganancias y la fe en trinchera de acaloradas luchas de poder.

La espiritualidad reformada proyecta la intimidad con Dios y el triunfo de la gracia en hechos concretos de amor al prójimo. En esto también es digna heredera de la espiritualidad paulina. El apóstol legitima su mística con actos concretos de amor, y su contemplación del resucitado por medio de la entrega a los demás porque, según él, los que han sido liberados del pecado se convierten en esclavos de la justicia (Ro 6.18). Éste es, pues, el otro tesoro de la espiritualidad transmitida hace casi cinco siglos: ¡Una espiritualidad que nos libera para el compromiso solidario! Aquí, en América Latina y el Caribe, donde las cifras de la pobreza son infames y donde las desigualdades sociales (somos la región del mundo más desigual) campean sin más, es apremiante que resuene esta espiritualidad. Si por siglos la fe ha sido cómplice de la brutalidad de los injustos, llega ahora el momento para que los justificados (por el Cristo de la cruz) proclamemos libertad.

Acogida, intimidad y compromiso

En este punto, y antes de entrar a considerar el significado de esta espiritualidad para el liderazgo y el ejercicio de la autoridad, propongo resumir los aportes de la espiritualidad luterana tal como

---

29. Juan Calvino, *Comentario a la epístola de Filemón*, en Iglesia del Señor viviente de la Iglesia Presbiteriana Ortodoxa: www.iglesiareformada.com/Calvino_Filemon.html

se muestran en el breve texto de 1520: la libertad ha sido la clave hermenéutica. Si la espiritualidad, como lo dice J. Martín Velasco, es «la forma concreta que cobra la identidad cristiana encarnada en las circunstancias propias de la vida de un cristiano o de un grupo de cristianos», entonces la libertad debería ser, por excelencia, la forma concreta que la espiritualidad protestante (o la que se considere heredera de ella) asuma con responsabilidad su encargo de «pueblo escogido por Dios» (1 P 2.9) ante las circunstancias particulares de nuestro mundo actual. Una espiritualidad que nos libere para la *acogida fraternal* en este mundo de fundamentalismos infernales, para la *intimidad restauradora* en esta época de mentiras místicas, para el *compromiso solidario* en esta sociedad de crueldades globalizadas y de miserias nunca vistas. Lo que hoy está en juego no es otra cosa que la eficacia de la fe en Jesucristo y su sentido redentor para la historia, cuando el sinsentido se apoderó de la religión y lo sagrado entró en la feria de las mercancías más baratas.

La futura renovación de la espiritualidad cristiana —y por ende del liderazgo de servicio— depende de la capacidad del pueblo de Dios para restaurar la esencia de la fe liberadora, fe que libere del demonio de la autosuficiencia, que acentúe el necesario sentido de pecado (del que nadie está libre) y aliste para el ecumenismo del amor. ¿De qué otra manera se podrá, por ejemplo, responder a los desafíos de la pandemia del VIH-SIDA, de las mal llamadas «guerras santas» (entre hermanos de raza pero enemigos de religión), del renacimiento del racismo, la xenofobia, el antisemitismo, la intolerancia y el etnocentrismo? Sólo una iglesia reconciliadora y un liderazgo de brazos abiertos cumplirá con esta encomienda misionera.

Pero también necesitamos una fe que se abra al misterio de Dios y recupere la riqueza de la dimensión mística, de la mística a la manera de dos grandes como Juan de la Cruz y Teresa de Jesús (ambos contemporáneos de Lutero), quienes trajeron a Dios desde las alturas y lo pusieron en el centro del corazón. Con ellos, como bien dice Frei Betto, ya no era «el místico quien debía llegar a Dios, que habita en los cielos» porque Dios está aquí, y somos nosotros «quienes debemos abrirnos a él, dejarlo entrar en lo más íntimo del corazón... Es la idea de un Dios amoroso que, a imagen del sol se difunde; basta con que abramos el corazón para disfrutar de ese amor».[30]

La verdad de hoy es que hay sed de Dios, y no ha sido saciada. Existe «una sequedad espiritual en los ambientes eclesiales, manifestada, a veces, en ausencia de sentido, inercia y nihilismo individualista; otras veces, en aburrimiento, sarcasmo, desencanto, falta de compromiso y deserción».[31] ¡Hay sed de Dios y los oasis que se vislumbran no son más que engañosas ilusiones! La mística a recuperar no debe ser ni evasiva, ni alienante, más bien una que movilice «energías utópicas, potencie actitudes éticas solidarias y sea fuente de transformación interior y exterior». Una mística que contribuya a la formación integral de «personas libres, inconformistas, críticas del sistema religioso y, en consecuencia, incómodas para el sistema». Cristianos y cristianas que no se queden «en la superficie del ser humano y de la religión» [32] sino que, al profundizar su amistad con Dios, descubran en él la fuerza que transforma, la razón que da sentido y el reposo que asegura la verdadera realización. Una mística de la contemplación y la acción, o de la «contemplación en la acción», para usar los términos del santo de Loyola.

Necesitamos recuperar el valor de la *ascesis* como práctica de las disciplinas espirituales que favorezcan la intimidad con Dios y profundicen el auto-conocimiento, de la *comunidad* de fe como pueblo paradigmático y «laboratorio del Reino», de la centralidad de la *liturgia* reparadora, de la gratuidad de la *fe* en justo balance con el «costo de la gracia» (D. Bonhoeffer), del compromiso con la *justicia*,

---

30. Leonardo Boff y Frei Betto, *op. cit.*, p. 54.
31. Tony Brun, *Ir más allá*, CLARA-Semilla, Guatemala, 2003, p. 1.
32. Juan José Tamayo, «La libertad de los místicos» en El País, Babelia, 9 de octubre de 2005:
www.elpais.es/articulo/elpbabens/20050910elpbabens_8/Tes/

la *reconciliación* y la *paz*, del sentido espiritual del *sufrimiento*, de una pneumatología que afirme la *vida* y luche en contra de las fuerzas de la muerte (J. Moltmann), de la dimensión ecológica de la vida en el Espíritu, de la dirección espiritual como parte de la labor pastoral, de la ética social como expresión del compromiso espiritual; en fin, recuperar el valor de una espiritualidad *liberadora, integral* y *apasionada* por el Reino, que se distancie de Platón y miré más hacia Jesús y los profetas. Ésta es, en brevísimo resumen, la tarea pendiente para la renovación espiritual del pueblo de Dios mirando su futuro inmediato. Y en el centro de la propuesta, la libertad prometida por Jesús: «Y conocerán la verdad, y la verdad los hará libres» (Jn 8.32).

Liderazgo entre iguales

Nos corresponde ahora preguntarnos por los alcances que tiene la espiritualidad luterana para el ejercicio del liderazgo cristiano. En la tesis central del escrito de 1520, el reformador afirma que «... el cristiano es un siervo, al servicio de todos y a todos sometido». ¿Podría haber, acaso, una sentencia más clara para referirnos al liderazgo de servicio? La Reforma fue, como lo dijimos antes, un proceso liberador en todas sus dimensiones, incluida aquella que tiene que ver con el ejercicio de la autoridad. Lutero luchó en contra del clericalismo y abogó a favor de una iglesia en la que todos los creyentes pudieran servir al Señor siendo parte de una comunidad de personas iguales. Para él, los obispos y demás autoridades de la iglesia deberían ser servidores de ella que no reclamaran más autoridad que la de predicar el evangelio y cuidar a los fieles con afecto pastoral.

En octubre de 1522 Lutero predicó varios sermones en Weimar tratando el tema de la autoridad dentro y fuera de la iglesia. En noviembre de ese mismo año, el duque Georg de Sajonia prohibió la venta del Nuevo Testamento traducido por el reformador. Motivado por este hecho, Lutero redactó en 1523 un breve texto titulado *Sobre la autoridad secular: hasta dónde se le debe obediencia,* en el que condenó los abusos de los gobernantes e intentó instruirlos para que «permanezcan cristianos y Cristo permanezca como el Señor», siguiendo el evangelio también en la práctica del poder. Lutero asumió posiciones muy firmes frente al ejercicio de la autoridad y pidió a los príncipes, a los obispos y a los sacerdotes que siguieran el evangelio allí donde enseña que ante Dios todos somos iguales y que debemos considerar a los demás como superiores a nosotros mismos (Ro 12.10; 1P 1.5; Lc 14.10):

> ¿Y qué autoridad puede haber si todos son iguales y tienen el mismo derecho, poder, bienes y honor? Además, nadie anhela ser superior al otro sino que cada uno quiere ser inferior al otro. Donde existen tales hombres no se podría establecer, en absoluto, ninguna autoridad, aunque se quisiera, porque su naturaleza e índole no tolera tener superiores, ya que nadie quiere ni puede ser superior. Donde no existen gentes de esta índole, no hay tampoco verdaderos cristianos.[33]

Y tras esas afirmaciones, una pregunta que atañe al liderazgo eclesiástico: «¿Qué son, entonces, los sacerdotes y obispos?», a lo que responde con igual vehemencia: «Su gobierno no es autoridad o poder sino un servicio o ministerio», argumentando que «no son superiores ni mejores que los demás cristianos». Lutero está convencido de que la autoridad de los pastores «consiste en predicar la Palabra de Dios para dirigir a los cristianos y vencer la herejía».[34] De esta manera, tanto para los príncipes como para los clérigos, Jesús es el ejemplo que hay que seguir en la manera de ejercer el poder.

En la parte final de su escrito, Lutero desarrolla cuatro instrucciones para quienes ocupan cargos de autoridad. En primer lugar enseña que deben «estimar a sus súbditos y poner en ellos todo su corazón», no pensar en el beneficio personal sino en el bienestar ge-

---

33. Martín Lutero, «Sobre la autoridad secular: hasta dónde se le debe obediencia» en *Escritos políticos*, Altaza, Barcelona, 1994, p. 54.
34. *Ibid.*, p. 54.

neral de la comunidad y en el interés de aquellos que trabajan junto a él. «Es preciso, por tanto, que el príncipe se despoje en su corazón de su poder y autoridad y haga suyas las necesidades de los súbditos y actúe como si fueran sus propias necesidades. Así lo ha hecho Cristo con nosotros y éstas son, en efecto, las obras del amor cristiano».[35] En segundo lugar, advierte que los gobernantes, aunque deben respetar a sus superiores y atender a sus consejeros, no deben confiar de manera exclusiva en ellos. Es mejor escuchar a todos con humildad y no creer que «los más pequeños» no tengan nada que enseñar. Dios una vez habló por medio de un asno, «por lo que no hay que despreciar a ningún hombre por pequeño que sea». Craso error, dice él, comete el gobernante que confía sólo en un consejero, por muy perspicaz y poderoso que aparente ser. Es mejor no confiar en «ningún hombre por muy inteligente, santo y grande que sea; es preciso escuchar a todos y esperar a ver de quién quiere Dios hablar y actuar».[36]

En tercer lugar, y refiriéndose a quienes administran la justicia, recomienda poner «cuidado en actuar rectamente con los malhechores. En este punto ha de ser inteligente y sagaz para castigar sin perjudicar a los demás», como el rey David que, aunque sabía que Joab había matado a traición a dos capitanes de su ejército, no lo castigó en vida para no causar con ello un daño y un escándalo peor. Así también, dice Lutero, debe aplicar justicia el gobernante, consciente de las repercusiones que tenga su juicio para todo el pueblo, «sin llevar al país y a su gente a la miseria por culpa de una sola cabeza, llenando el país de viudas y huérfanos».[37] Lo que Lutero busca son gobernantes que se dominen a sí mismos y detengan las guerras que ocasionan miles de muertes injustas con la floja excusa de defender la dignidad de los poderosos. Es muy mal cristiano, dice él, «quien por un castillo pone en peligro un país», y agrega esta regla: «Si no puede castigar la injusticia sin cometer una injusticia mayor, que

---

35. *Ibid.*, p. 57.
36. *Ibid.*, p. 58.
37. *Ibid.*, p. 60.

renuncie a su derecho, por muy justo que sea».[38] En cuarto y último lugar, se refiere a cómo debe proceder un gobernante ante la «restitución» o devolución de un bien injusto. Lutero apela a la ley del amor. Enseña que si «el deudor es pobre y no puede restituir y el otro no es pobre, debe dejar actuar la ley del amor y liberar al deudor; según la ley del amor el otro está también obligado a perdonarle y a darle incluso más, si es necesario».[39] Es decir, el dirigente no sólo se rige por el formalismo de los códigos legales sino que apela al amor como un asunto práctico que opera también en la vida social, pues si «juzgas según el amor, resolverás fácilmente todos los asuntos, sin necesidad de los libros de derecho», y si «pierdes de vista el amor y el derecho natural no lograrás nunca el beneplácito de Dios, por mucho que te hubieras devorado todos los libros de derecho y todos los juristas».[40]

En resumen, Lutero propone cuatro principios determinantes para el ejercicio cristiano de la autoridad: buscar el bien de los demás, valorar a todos por igual, tomar decisiones con justicia y responsabilidad, y actuar bajo la norma suprema del amor. La argumentación del teólogo de Erfut no apela, como se hace hoy, al pragmatismo gerencial o político; él va más allá, hasta tocar la médula de la fe que es la imitación de Jesús en los asuntos de la vida diaria, trátese del gobierno de una nación, de la administración de justicia o de las disposiciones militares. En su opinión, ser cristiano es comportarse como Cristo: en esto se resume su espiritualidad. Quizá por eso teme que los príncipes no lo oirán y lo advierte con magistral ironía: «Yo tampoco hablo porque espere que los príncipes temporales acepten mis enseñanzas sino por si hubiere alguno que quisiera ser cristiano y quisiera saber cómo debería comportarse».[41]

---

38. *Ibid.*, p. 61.
39. *Ibid.*, p. 63.
40. *Ibid.*, p. 64.
41. *Ibid.*, p. 57.

Los escritos de Lutero alteraron a los príncipes, trastornaron al Papa y alentaron a los campesinos alemanes para iniciar una revolución la cual ni el mismo reformador pudo detener.[42] Lutero no se limitó al debate conceptual, aunque dio también la batalla en la academia teológica de su tiempo, sino que trascendió con su discurso de fe todas las esferas de la sociedad donde estaba en juego la vida del pueblo. El efecto de la Reforma se expresó no sólo en la esfera religiosa sino, como lo afirma P. Tillich, «en la totalidad de la existencia personal, social e intelectual de toda la civilización».[43] La Reforma luterana propuso una nueva alternativa para la relación del ser humano con Dios, una nueva forma de ser iglesia y una nueva manera de ejercer el poder político y de ser dirigente (líder) de una comunidad. La integración entre espiritualidad y liderazgo fue muy estrecha: una nueva relación con el Creador establece una nueva relación con sus criaturas.

Lutero creyó que la iglesia era *cratura verbi divini* (creación de Dios) y que su única autoridad consistía en dar a conocer a Cristo en el mundo por medio del Espíritu Santo. La iglesia, según él, no debía exigir de los creyentes ninguna fe en ella misma; no había por qué dejar que la jerarquía se adueñara de la vida de los fieles como si la institución fuera más importante que el mismo evangelio. Como afirma Evangelista Vilanova: «Esta concepción de la Iglesia se opone a la que destaca las estructuras jerárquicas y las instituciones sacrales objetivas. La jerarquía y las instituciones "pertenecen necesariamente a la Iglesia; sin embargo, no son ni forman la Iglesia". Lutero

---

42. Acerca de la guerra de los campesinos alemanes (1524-1525) mucho se puede decir. Según algunos historiadores, Lutero fue el padre y promotor de las disidencias campesinas; según otros fue su gran enemigo. Razón tienen los primeros cuando se leen sus escritos incendiarios a favor de la sublevación contra los príncipes; razón tienen los segundos cuando se sabe que fue Lutero el firmante del texto de mayo de 1525 (*Contra las bandas ladronas y asesinas de los campesinos*) en el que pide que se detenga la rebelión, aún a precio de sangre. Ver L. Febvre, *op. cit.*, p. 223-230.

43. Paul Tillich, *La era protestante*, Paidós, Buenos Aires, 1965, p. 317.

enaltece en su doctrina eclesiológica la comunidad de fe»,[44] de la que se deriva su conocida actitud antijerárquica y sus querellas con la Iglesia de Roma.

La espiritualidad luterana transmite ansias de libertad, una libertad que se advierte en la justificación del pecador y se demuestra en la vida diaria de la comunidad de fe. ¿Es una opción para nuestros días?

Una espiritualidad «a la medida»

> Le preguntaron al maestro: «¿Qué es la espiritualidad?».
> —La espiritualidad, respondió, es lo que consigue proporcionar al hombre la transformación interior.
> —Pero si yo aplico los métodos tradicionales que nos han transmitido los maestros, ¿no es eso espiritualidad?
> —No será espiritualidad si no se cumple para ti esa función. Una manta ya no es manta si no da calor, replicó el maestro.
> —¿De modo que la espiritualidad cambia?
> —Sí, respondió. Las personas cambian y también sus necesidades, de modo que lo que en otro tiempo fue espiritualidad hoy ya no lo es. Lo que muchas veces pasa por espiritualidad no es más que la constancia escrita de métodos pasados.
> Y agregó: «Hay que cortar la chaqueta de acuerdo con las medidas de la persona. No al revés».[45]

La herencia de la espiritualidad reformada es «una chaqueta» para «cortar de acuerdo con nuestras medidas», las medidas de nuestro momento histórico. En esto también se cumple la sentencia luterana de *ecclesia reformata semper reformanda*, —iglesia reformada siempre reformándose—, la que para nuestro propósito podemos leer

---

44. Evangelista Vilanova, *Historia de la teología cristiana. Prerreforma, reformas, contrarreforma*, (Tomo II), Herder, Barcelona, 1989, p. 301.

45. CLAI, «La verdadera espiritualidad» en *Red Latinoamericana de Liturgia*: www.selah.com.ar

como *spirituallum reformata semper reformanda* —espiritualidad reformada siempre reformándose—. ¡Este es el secreto para una espiritualidad renovada y un liderazgo que imite a Jesús en su modelo de servicio!

Preguntas para la reflexión y el diálogo

**La espiritualidad y el liderazgo
en nuestra experiencia diaria**

1. *Espiritualidad y esclavitud:* Por lo general, cuando se habla de espiritualidad se asocia a una experiencia represiva o esclavizante que limita al ser humano y lo somete a los dictados de un código religioso. Para muchas personas, ser espiritual es lo opuesto a ser libre. ¿También en su ciudad o comunidad se hace esta asociación entre espiritualidad y opresión? Si es así, ¿cuáles son algunas razones por las cuales se hace esta asociación?

2. *Libres por la fe*: Lutero procuró que el mensaje del evangelio recuperara la dimensión liberadora: libres del legalismo, del autoritarismo, del tradicionalismo religioso y de las jerarquías eclesiásticas. ¿Cuáles son algunas de las áreas de la vida religiosa de nuestro tiempo en las cuales se necesita recuperar la dimensión liberadora de la espiritualidad?

Nos dice la Biblia

El énfasis de Lutero en la espiritualidad como una práctica de la libertad es, en esencia, un mensaje paulino. En Gálatas 3.1-5, por ejemplo, el apóstol llama a la iglesia «insensata» y «necia» por haber renunciado a la libertad en Cristo y haber preferido la esclavitud de la ley. Al parecer, la libertad produce temor, y por eso se opta por una espiritualidad que afirme las tradiciones y refuerce las jerarquías legalistas. En el texto citado, ¿cuáles son los reclamos de Pablo a los creyentes de Galacia? ¿Es posible establecer un paralelo entre la situación temerosa de la iglesia de los gálatas y las iglesias de hoy? ¿En qué aspectos se puede establecer ese paralelo y en qué otros es diferente?

Desafíos para nuestra espiritualidad y nuestra manera de ejercer el liderazgo

1. *Siervos de todos*: ¿Cómo se entiende la frase de Lutero: «El cristiano es un hombre libre, señor de todo y no sometido a nadie; el cristiano es un siervo, al servicio de todos y a todos sometido»? ¿Qué dice esta sentencia a la vida de la iglesia en la actualidad? ¿Cuál es el estilo de liderazgo que pudiera derivarse de esta afirmación?

2. «A la medida»: En la última parte de este capítulo se dice que «la herencia de la espiritualidad reformada es "una chaqueta" para "cortar de acuerdo con nuestras medidas"; las medidas de nuestro momento histórico». ¿Qué deberíamos «cortar» de esa «chaqueta» del siglo 16 para la espiritualidad del siglo 21?

Algo más acerca de espiritualidad y liderazgo en la Reforma luterana

(«Al servicio de todo y a todos sometido»)

Entre los diferentes textos escritos por Lutero se encuentran numerosas referencias a la manera cristiana de ser obispo, príncipe, o dirigente (líder) de la comunidad local. La mayoría de estas citas surgieron en medio de las polémicas entre el reformador y las autoridades civiles y eclesiásticas. A continuación, algunas de estas citas.

Liderazgo inspirado en el amor

> Pero quien quiera ser un príncipe cristiano debe abandonar la idea de dominar y de actuar con violencia. Maldita y condenada está toda vida que se viva y se busque en interés y provecho de sí mismo; malditas todas las obras que no estén inspiradas en el amor. Y están inspiradas en el amor cuando

están dirigidas de todo corazón al provecho, a la gloria y a la salud de los otros, y no al placer, provecho, gloria, comodidad y salud de uno mismo. (*Sobre la autoridad secular: hasta dónde se le debe la obediencia*, 1523.)

La desgracia del poder sin humildad

Cuanto mayor es el poder, mayor es la desgracia si no se actúa en el temor de Dios y con humildad. (*A la nobleza cristiana de la nación alemana acerca de la condición cristiana*, 1520.)

Liderazgo conforme al modelo de Jesús

[El príncipe] debe reflejar la imagen de Cristo en sus ojos y decir: «Mira, el príncipe supremo, Cristo, ha venido y me ha servido y no ha buscado cómo tener poder, bienes y honores sirviéndose de mí, sino que ha mirado mi miseria y todo lo ha hecho para que yo tenga, gracias a él, poder, bienes y honores. Yo quiero hacer esto mismo: no quiero buscar en mis súbditos mi interés sino el de ellos, y quiero servirles también con mi oficio, protegerlos, escucharlos, defenderlos y gobernarlos para que ellos tengan bienes y provecho y no yo». (*Sobre la autoridad secular: hasta dónde se le debe la obediencia*, 1523.)

El poder descansa en la comunidad

Ya que todos nosotros somos igualmente sacerdotes, nadie debe darse importancia y atreverse a desempeñar ese cargo sin nuestro consentimiento y nuestra elección, pues todos tenemos igual poder; lo que es común nadie puede tomarlo por sí mismo sin la voluntad y mandato de la comunidad. Y si ocurriera que alguien fuera elegido para este cargo y fuera destituido por sus abusos, estaría entonces igual que antes. Por ello, en la cristiandad un orden sacerdotal no debería ser otra cosa que un cargo; mientras está en el cargo, va delante; si es destituido es un campesino o un ciudadano como los demás. (*A la nobleza cristiana de la nación alemana acerca de la condición cristiana*, 1520.)

Pastores convertidos en lobos

Ahí está el origen de que haya perecido la fraternidad cristiana, de que los pastores se hayan convertido en lobos, los siervos en tiranos y los eclesiásticos en los más mundanos. Si se les pudiese obligar a reconocer que todos los bautizados somos sacerdotes en igual grado que ellos, como en realidad lo somos, y que su ministerio les ha sido encomendado sólo por consentimiento nuestro, inmediatamente se darían cuenta de que no gozan de ningún dominio jurídico sobre nosotros, a no ser el que espontáneamente les queramos otorgar. (*La cautividad babilónica de la iglesia*, 1520.)

Las verdaderas gracias del poder

En cambio afirmamos que las indulgencias papales no pueden quitar la culpa del más mínimo pecado venial. Lo que se dice que ni el propio san Pedro, si fuera Papa, podría otorgar gracias mayores, es una blasfemia contra san Pedro y contra el Papa. Por el contrario, afirmamos que tanto éste como cualquier Papa posee gracias mayores, tales como el evangelio, las virtudes, el poder de las oraciones, etcétera, conforme a 1 Corintios 12.8 (*Las 95 tesis*, 76-78, 1517.)

Liderazgo consecuente y radical

A menos que se me convenza por testimonio de las Escrituras o por razones evidentes —puesto que no creo en el Papa ni en los concilios solo, ya que está claro que se han equivocado con frecuencia y se han contradicho entre ellos mismos—, estoy encadenado por los textos escriturísticos que he citado y mi conciencia es una cautiva de la Palabra de Dios. No puedo ni quiero retractarme en nada, porque no es seguro ni honesto actuar contra la propia conciencia. Que Dios me ayude. Amén. (*Dieta de Worms*, 1521.)

Van a lucha por ascender

Cómo lucha todo el mundo por ascender, por el honor, por el poder, la riqueza, el arte, el bienvivir y por cuanto hay de grande y elevado. Todo el mundo se empeña en estar pendiente de las personas de este estilo, se las busca, se las sirve con gusto, porque todos quieren participar de su rango; no en vano la Escritura reserva el título de piadosos a tan escasos reyes y príncipes. (*El Magníficat traducido y comentado*, 1520-1521.)

Liderazgo que libere

Que quede bien claro: ni el Papa, ni los obispos, ni hombre alguno tiene derecho a someter al cristiano a la ley ni de una sílaba si no media el consentimiento de éste. Es tiránica cualquier otra forma de actuar... Los eclesiásticos actuales se han convertido en defensores acérrimos de las libertades eclesiásticas, quiero decir, de los mojones, de los bosques, de los campos, de los censos que, por llamarse eclesiásticos, se han asimilado a espirituales. Bajo estas expresiones fingidas, la verdad es que no sólo han reducido a cautividad la verdadera libertad de la Iglesia, sino que también la han destruido de forma más temible que los turcos y a despecho de la orden del apóstol: «No caigáis en la servidumbre de los hombres» (1 Co 7.23). (*La cautividad babilónica de la iglesia*, 1520.)

Un agujero en la burbuja de la vanagloria

Por el contrario, Dios permite que los otros, los grandes y los fuertes, se encumbren; les retira su fuerza divina y les deja vanagloriarse de la suya propia, porque cuando hace acto de presencia la fuerza del hombre se retira la de Dios. Cuando la burbuja está muy hinchada, cuando todo el mundo se cree que está muy arriba, que han conseguido la victoria, cuando hasta ellos mismos tienen la seguridad de haber logrado lo que pretendían, entonces Dios hace un agujero en la burbuja y todo fenece. (*El Magníficat traducido y comentado*, 1520-1521.)

Líderes como ídolos

Puedes ver que nuestros actuales obispos y eclesiásticos son ídolos y no obispos: abandonan el ministerio de la Palabra, que es el más digno y en el que debieran ocuparse, a los más humildes, es decir, a capellanes y mendicantes, y lo mismo hacen con ministerios de menor importancia como son el bautismo y la cura de almas. Mientras tanto, ellos se dedican a confirmar y a consagrar campanas, altares, iglesias, y a todo lo que no tiene nada de cristiano o episcopal y que se han inventado ellos mismos. Son máscaras testarudas y auténticos «obispos de niños». (*Derecho de la comunidad a elegir sus predicadores*, 1523.)

Solo uno es el Señor

Un obispo debe adoptar una actitud paternal y maternal a la vez. Pedro explica: «Ni como teniendo señorío sobre los que están a vuestro cuidado» (1 P 5.3) como si fueran herencia propia, ansiando dominar la iglesia por completo de manera que todo funcione de acuerdo a vuestras locas ideas, aspirando a la gloria con cada palabra que emitáis... No he sido nombrado para gobernar sobre ningún cristiano como si fuera su señor, sino para ser su siervo. Sólo uno es el Señor. (*Comentario de la carta a Tito*, 1527.)

6

Jesús en el rostro de los carenciados

Espiritualidad y liderazgo en la teología latinoamericana de la liberación

> Aún cuando la teología de la liberación pase de moda como sistema, o sea condenada por el Vaticano, su impacto en la conciencia teológica de la cristiandad latinoamericana puede ser duradero.
>
> *Emilio Antonio Núñez* [1]

Transcurría la tempestuosa década del 60 cuando, junto a los aires de nuevas revoluciones sociales y políticas, también las iglesias se preguntaban cómo renovar su discurso de fe y cómo anunciar el evangelio en medio de la situación caótica del mundo. Dentro de la Iglesia Católica se vivía la experiencia renovadora del Concilio Vaticano II (1962-1965) y el papa Juan XXIII, el «papa bueno», anunciaba que había llegado el momento de abrir las ventanas de la Iglesia para que los aires frescos de la renovación soplaran sobre ella. Era época de *aggiornamento*, de respirar un nuevo clima y un rostro diferente de la Iglesia. Se

---
1. Emilio Antonio Núñez, *Teología de la liberación*, Caribe, Miami, 1986, p. 256.

buscaban respuestas para un mundo que se debatía entre la violencia creciente, la desigualdad social, el pensamiento secular y el absolutismo de muchos gobernantes que, enloquecidos por el poder, habían despertado la furia de los rebeldes. Hacia el interior de la Iglesia, las preocupaciones no eran menores; se pedía tener en cuenta al laicado en la liturgia y en la vida de la comunidad, hacer realidad una auténtica liturgia popular, valorar la Biblia en la teología y en la vida de toda la Iglesia, interactuar desde la fe con las diferentes culturas, y abrir espacios de diálogo ecuménico con las iglesias protestantes, con las grandes religiones y con los nuevos movimientos religiosos.[2] Por otra parte, las bases populares de los llamados países del Tercer Mundo dejaban oír su voz reclamando que la Iglesia se pronunciara en contra de la desigualdad, y dijera algo que hiciera creer que le interesaba la situación miserable de los pobres del mundo.

Iglesia de los pobres

Angelo Giuseppe Roncalli (Juan XXIII), meses antes de iniciar el Concilio, había expresado su interés en que se atendieran tres asuntos que, en su concepto, no daban más espera. El primero era que el Concilio debía estudiar de qué manera se puede hablar de Dios en un mundo ateo, a quienes no creen; el segundo era la unidad de los cristianos, «¿cómo hablar de Cristo estando divididos en varias confesiones cristianas?».[3] Pero cuentan algunos obispos latinoamericanos que el papa, pocos días antes de la apertura, conversó con varios de ellos y a raíz de esa entrevista «propuso un tercer punto luminoso: "La Iglesia, ante los pueblos en vías de desarrollo, descubre lo que es y lo que debe ser: la Iglesia de los pobres, es decir, la Iglesia de todos"».[4] Al decir pobreza no se estaban refiriendo a la

---

2. Para mayor ampliación sobre estos temas ver: Hans Küng, *Libertad conquistada*, Trotta, Madrid, 2004, p. 571.
3. Samuel Ruiz, *Cómo me convirtieron los indígenas*, Sal Terrae, Santander, 2002, p. 43.
4. *Ibid.*, p. 43.

pobreza individual sino al mundo de la pobreza y, algo que llegaría a ser central en la posterior teología de la liberación latinoamericana, la pobreza estructural. Cuando el papa hablaba del tema, señalaba la responsabilidad de los sistemas económicos injustos en la generación, surgimiento y crecimiento de la pobreza.

Ya iniciadas las sesiones, Giovanni Battista Montini —después Pablo VI—, quien había sido nombrado por Juan XXIII como asistente personal del Concilio, se dirigió a un grupo de obispos en recinto privado y les dijo:

> Hermanos obispos, tenemos que tratar la opción por los pobres. No se trata de un tema del Concilio, sino que es *el* tema del Concilio. Y si no lo tratamos en profundidad, no habremos tratado los otros dos temas: «cómo hablar de Dios al ateísmo» ni «la unidad de los cristianos». Sin una Iglesia que opte por los pobres, nos quedamos sin respuesta ante los otros temas. [5]

A pesar del interés de Juan XXIII, de su asistente y de un moderado grupo de obispos en que la pobreza fuera *el* tema del Concilio, esto no resultó cierto. El Concilio había sesionado en Europa y esto era una limitante para que se le diera prioridad a la pobreza, puesto que allá no existían pobres. Dice Samuel Ruiz que

> … la gran pobreza está detrás de la línea que dividía el Primer y el Tercer Mundo. Sin una presencia viva del pobre en Europa ni, por tanto, una opción por ellos. De suerte que, al carecer la iglesia de inserción en el mundo de la pobreza en Europa, no podía existir una reflexión teológica sobre una acción pastoral inexistente. Entonces, por más que se trató teóricamente del asunto, y en cada página del Concilio se encuentra la mención de los pobres, no se trató a fondo hasta que los padres conciliares volvieron a América Latina.[6]

---

5. *Ibid.*, p. 43-44.
6. *Ibid.*, p. 44.

A la luz del Concilio

Aquí los intereses eran otros. De modo que, cuando se reunió la Segunda Conferencia Episcopal Latinoamericana (CELAM), en 1968, en Medellín, Colombia, salieron a flote las preocupaciones del continente, entre ellas, la pobreza: la más sentida. El tema general de la Conferencia fue: «La Iglesia en la actual transformación de América Latina a la luz del Concilio». Tres grandes áreas se abordaron en Medellín: En primer lugar, la promoción del ser humano y de los pueblos hacia los valores de la justicia, la paz, la educación y la familia. En segundo lugar, la evangelización y maduración en la fe de los pueblos y sus elites, a través de la catequesis y la liturgia. Finalmente, los problemas relativos a los miembros de la Iglesia, su unidad y su acción pastoral a través de estructuras visibles, también adaptadas a las nuevas condiciones del continente. Pero de las tres, la que más repercusiones tuvo fue la primera, la dedicada a la promoción humana. En ella se trataron temas candentes relacionados con la justicia, la paz, la pastoral popular, y otros que alentaron nuevos compromisos políticos y provocaron no pocas polémicas.

Medellín definió con franqueza sus opciones a favor de los más pobres y la denuncia de tantas injusticias. En el documento final se lee:

> Los principales culpables de la dependencia de nuestros países son aquellas fuerzas que, inspiradas en el lucro sin freno, conducen a la dictadura económica y al imperialismo internacional del dinero (2.9e) ... Denunciamos aquí el imperialismo de cualquier signo ideológico que se ejerce en América Latina en forma indirecta y hasta con intervenciones directas. La paz es, ante todo, obra de la justicia. Supone y exige la instauración de un orden justo en el que los hombres puedan realizarse como hombres, en donde su dignidad sea respetada, sus legítimas aspiraciones satisfechas, su acceso a la verdad reconocido, su libertad personal garantizada. Un orden en

el que los hombres no sean objetos, sino agentes de su propia historia. Allí, pues, donde existen injustas desigualdades entre seres humanos y naciones se atenta contra la paz (2.14).

Con razón, entonces, se afirma que en 1968 nace la teología de la liberación, en un contexto de renovación estimulado por el Concilio Vaticano II y concretado en Medellín.

Una nueva manera de hacer teología

Con la teología de la liberación, o teologías de la liberación —como prefieren otros analistas—[7] se abrió paso en el continente a la posibilidad de hacer teología de una manera diferente, una nueva forma de vivir la fe y de sentir la iglesia. El obispo chileno Bernardino Piñera, hablando de su propia experiencia, anota:

> Para nosotros era más bien un estado de ánimo de una iglesia que quería comprometerse con los pobres y que quería estar en las poblaciones, que quería promover comunidades eclesiales de base, otro estilo de pastoral, una iglesia popular.[8]

Era una nueva manera de vivir la fe, proyectándola con amor eficaz hacia los empobrecidos. La novedad teológica no eran los temas de la opresión y la injusticia, tampoco el uso instrumental de las ciencias sociales, ni siquiera su finalidad de transformar la sociedad en una más justa y equitativa. Lo realmente nuevo era

> ... la inserción viva del teólogo junto a los pobres, entendidos como realidad colectiva, conflictiva y activa ... Todo se hace

---

7. Para ampliar más el concepto de «teologías de la liberación», ver: Samuel Escobar, *La fe evangélica y las teologías de la liberación*, Casa Bautista de Publicaciones, El Paso, 1987.

8. Bernardino Piñera, citado por Julio César Villaverde, *Juan Pablo II frenó teología de la liberación, pero sigue viva*, Noticias Yahoo, 2 de abril de 2005, p. 159: www.espanol.news.yahoo.com/050402/2/z3pz

a partir del pobre. Eso es lo que [distinguía] a la ... teología de la liberación de cualquier otra teología. [9]

Y el trabajo teológico propiamente dicho comienza cuando se intenta «leer esa realidad a la luz de la Palabra», lo cual «implica ir a las fuentes de la revelación». [10] Y sirviéndose del análisis de la realidad que hacen las ciencias sociales,

> ... esta teología postula una liberación total del hombre y de la realidad. Una salvación aquí y ahora del hombre completo. La salvación se interpreta en términos de liberación política, de compromiso real con el pobre, y de estructuras de opresión en que vive. [11]

En cuanto a lo pastoral, se intensificó el trabajo con las llamadas «comunidades eclesiales de base» (con su método de estudio bíblico: ver, juzgar y actuar), se motivó el diálogo ecuménico, surgieron otras formas de interpretación de la religiosidad católica popular y, algo muy destacado, surgieron movimientos de espiritualidad orientados hacia la acción compasiva con los pobres y la lucha por la liberación. [12]

América Latina inauguraba de esta manera una etapa productiva en su quehacer teológico[13] y estimulante en cuanto a sus compro-

---

9. Clodovis Boff, citado en *Misterium Liberationis: Conceptos fundamentales de la teología de la liberación*, Tomo I, Ignacio Ellacuría y Jon Sobrino, UCA, San Salvador, 1993, p. 90.

10. Gustavo Gutiérrez, *Teología de la liberación. Perspectivas*, Sígueme, Salamanca, 1999 (16ª ed.), p. 27.

11. Pedro R. Santidrán, *Diccionario breve de pensadores cristianos*, Verbo Divino, Navarra, 2001, p. 284.

12. Para considerar otros impactos de la teología de la liberación, ver: Pablo Richard, *Fuerza ética y espiritual de la teología de la liberación*, DEI, San José, 2004, pp. 25-35.

13. En este recorrido histórico de la teología de la liberación, no incluyo una sección específica para la vertiente protestante. En esto comparto la opinión de Juan Bosch

misos con la realidad social y política, tan descuidada por las teologías tradicionales. Pero también se empezó una época de acalorados debates, de juicios premeditados, de polarizaciones ideológicas y de persecuciones odiosas. El papa Juan Pablo II se opuso a los principales teólogos de la liberación, sancionó a varios de ellos acusándolos de marxistas y de convertir la fe de Jesús en una ideología política. En agosto de 1984, más de diez años después de que el padre Gustavo Gutiérrez hubiera publicado su famosa obra *Teología de la Liberación* (1972), el prefecto de la Sagrada Congregación para la Doctrina de la Fe, el entonces cardenal Joseph Ratzinger y ahora papa Benedicto XVI, expidió una instrucción advirtiendo a los fieles católicos acerca del peligro de «ciertas formas de la teología de la liberación». El cardenal decía en la introducción que el documento tiene como fin

> ... atraer la atención de los pastores, de los teólogos y de todos los fieles, sobre las desviaciones y los riesgos de desviación, ruinosos para la fe y para la vida cristiana, que implican ciertas formas de la teología de la liberación, que recurren, de modo insuficientemente crítico, a conceptos tomados de diversas corrientes del pensamiento marxista. [14]

---

de que quizá no quepa hablar con precisión de una específica teología protestante de la liberación, pero sí del legado liberacionista de algunos teólogos y, en especial, de algunos organismos evangélicos de compromiso ecuménico. En cuanto a los teólogos están: José Míguez Bonino (Argentina), Rubén Alves (Brasil), Julio de Santana (Uruguay), Elsa Tamez (México-Costa Rica), Sergio Arce (Cuba), Emilio Castro (Uruguay), Ofelia Ortega (Cuba), Jorge Pixley (Nicaragua), Violeta Rocha (Nicaragua), entre otros. Ver: Juan Bosch, «Introducción a la teología protestante latinoamericana» en Juan José Tamayo y Juan Bosch (editores), *Panorama de la teología latinoamericana*, Verbo Divino, Navarra, 2001.

14. Sagrada Congregación para la Doctrina de la Fe, *Instrucción sobre algunos aspectos de la «Teología de la Liberación»*, 1984.

De Medellín a Santo Domingo

Durante el papado de Juan Pablo II se experimentó una «involución de la Iglesia», como bien la llama el sacerdote y biblista chileno Pablo Richard, al fortalecerse la curia romana y el poder institucional central en contravía con las reformas que se habían iniciado en el Concilio Vaticano II. Otra muestra clara de retroceso fue el Sínodo extraordinario de obispos en 1985, donde se abandonó uno de los ejes centrales del Concilio, que era el concepto de la Iglesia-Pueblo, para sustituirse por el de la Iglesia-Comunión. Y, en cuanto a América Latina se refiere, también se hizo evidente esa involución en las dos Conferencias Episcopales realizadas después de la de Medellín, de manera particular la que se llevó a cabo en Santo Domingo en el año 1992.[15]

El papa Wojtyla tuvo momentos de lucidez profética, como cuando habló de la deuda externa, de la invasión a Irak, de la paz en el mundo y a favor de los empobrecidos del mundo. Causó desconcierto en Brasil cuando dijo que «la teología de la liberación no sólo era oportuna sino útil y necesaria».[16] Entre pronunciamientos proféticos y decisiones conservadoras, al final de las cuentas, el balance es negativo, sobre todo para el movimiento de la teología de la liberación y de quienes esperaban que el Concilio de Juan XXIII progresara en estos tiempos. Cierro esta sección volviendo a citar al padre Richard, eminente teólogo de la liberación:

> El Dogma, el Poder y la Ley absolutizados en un movimiento de contrarreforma eclesial pudo más que la Teología y que el Espíritu de la reforma de la Iglesia inaugurada en el Concilio Vaticano II. Tenemos aquí la raíz del conservadurismo católico actual.[17]

---

15. Pablo Richard, *op. cit.*, p. 29.
16. *Ibid.*, p. 28-29.
17. *Ibid.*, pp. 29-30.

Con ese cambio de rumbo en la Iglesia, se intentó —solo se intentó— sepultar la teología de la liberación.

No es nuestro propósito hacer una evaluación de lo sucedido y sacar conclusiones a favor o en contra de los postulados teóricos y de las prácticas pastorales de dicho movimiento. Otros lo han hecho desde nuestra perspectiva evangélica. Baste aquí con volver sobre este movimiento para examinar uno de sus mayores aportes; me refiero a su espiritualidad y a la propuesta de liderazgo que de ella se deriva.

Lo más fuerte que poseemos

Casi todas las polémicas en contra de la teología de la liberación se dedicaron a condenar sus bases filosóficas, su andamiaje teológico, sus opciones políticas, pero poco o nada se dijo sobre su espiritualidad. Se desconoció de esta manera *la motivación final* que animaba a sus teólogos a entregar su vida y a hacerle frente al imperio del poder político y del poder eclesial. Los que murieron como mártires —y los hubo bastantes— lo hicieron animados por su espiritualidad. Los que los condenaron creyeron ganar un debate filosófico (Ratzinger, entre ellos), pero desconocieron mucha de la razón espiritual. Luis Espinal, sacerdote asesinado en Bolivia el 21 de marzo de 1980, escribía en uno de sus tantos poemas:

¡Qué impotente es nuestro amor,
Aunque sea lo más fuerte que poseemos! [18]

Es cierto: el amor es lo más fuerte que han poseído los integrantes del movimiento de la teología de la liberación: su amor al prójimo y su inmenso —a veces loco— amor por Dios. El amor es

---

18. Luis Espinal, *Oraciones a quemarropa*, Verbo Divino, Cochabamba, 2002, p. 96.

la esencia de la espiritualidad cristiana, y de ella han sido expertos. Ernesto Cardenal, otro de los «locos de amor» por la causa de Dios y de los pobres del mundo, dice en una de sus oraciones hecha poema:

> Yo nací para un amor extremista.
> Tal vez por eso nos comprendemos.
> ¡Más extremista sos vos!
> Y yo te conozco poco todavía. [19]

Desde los primeros años del movimiento, se advirtió la intención espiritual que orientaba el compromiso con los pobres y la lucha contra la injusticia. Gustavo Gutiérrez, llamado padre de la teología de la liberación, en su primera obra publicada en 1972 pensaba que no era suficiente plantear una teología si ésta no tenía el respaldo de una espiritualidad. Reconocía él que «las categorías teológicas no son suficientes. Es necesaria una actitud vital, global y sintética que informe la totalidad y el detalle de nuestra vida, una "espiritualidad"».[20] Y definía el término como «una forma concreta, movida por el Espíritu, de vivir el Evangelio».[21] Con esta aclaración podemos ver que, desde sus primeros años, el movimiento fue una nueva manera de hacer teología, acompañada de una nueva manera de vivir el evangelio de Jesús.

Esta misma convicción se confirmó en 1990 cuando se escribió la «suma teológica» de la teología de la liberación. Fue una obra en dos voluminosos tomos, titulada *Mysterium liberationis: Conceptos fundamentales de la teología de la liberación,* bajo la dirección editorial de Ignacio Ellacuría y Jon Sobrino, el primero de ellos asesinado ese mismo año en la ciudad de San Salvador, El Salvador. En el capítulo titulado «Espiritualidad y seguimiento de Jesús», Sobrino dice:

---

19. Ernesto Cardenal, *Telescopio en la noche oscura*, Trotta, Madrid, 1993, p. 29.
20. Gustavo Gutiérrez, *op. cit.*, p. 244.
21. *Ibid.*, p. 245.

En América latina, la teología de la liberación ha estado muy atenta a la espiritualidad, y su quehacer ha estado transido de un determinado espíritu desde el inicio ... ha intentado ser una síntesis creativa de lo que significa ser humano y ser cristiano en el mundo real de hoy. [22]

Espiritualidad, pero no cualquiera

Se trataba de que la teología tuviera su correspondiente espiritualidad, pero no cualquiera sino una que alentara el compromiso, la encarnación y la proyección social de la fe. Se reconocía que la espiritualidad tradicional estaba en crisis y que no llenaba los anhelos de efectividad política ni de mística para la acción. Se necesitaba una espiritualidad más efectiva y menos contemplativa; que recogiera lo mejor de la tradición cristiana, pero que pudiera encarnarse en nuevas tareas y experiencias. Segundo Galilea, teólogo y pastoralista latinoamericano, escribía en 1987: «La espiritualidad "nueva" o renovada que buscamos es al mismo tiempo tradicional y "revolucionaria", en el sentido evangélico y no ideológico de estos términos». [23] Pero Galilea aclaraba que se debía trabajar en aras de una espiritualidad que no degenerara en mero activismo social sino que reafirmara la esencia cristiana:

> ... la espiritualidad cristiana no es meramente compromiso por el bien de los hermanos o la causa de los pobres ... sino también la motivación y la mística que empapa e inspira el compromiso. La espiritualidad no es sólo la entrega a una causa mayor que lleva a olvidar el egoísmo ... sino los moti-

---

22. Jon Sobrino, «Espiritualidad y seguimiento de Jesús», en Ignacio Ellacuría y Jon Sobrino, *op. cit.*, p. 451.
23. Segundo Galilea, *El camino de la espiritualidad*, San Pablo, Bogotá, 2004 (6ª ed.), p. 14.

vos evangélicos por lo que se hace ... es la inspiración mística hecha experiencia explícita de fe y de seguimiento de Jesús. [24]

De esta integración entre inspiración y experiencia, entre mística y compromiso, entre contemplación y proyección, salió el más grande aporte a la espiritualidad con rostro latinoamericano. Entre sus distintivos están su valor profético, su actitud solidaria, su apertura ecuménica, su pasión utópica, su compromiso político, su responsabilidad ecológica, su pasión por la vida, su ardor pastoral y su labor a favor de la paz con justicia social.[25] La consideración detenida de su legado es una de las tareas pendientes tanto para la fe católica como para la fe evangélica latinoamericanas. Destaquemos aquí algunas de las principales contribuciones.

Amor eficaz

El amor eficaz, alma de la espiritualidad. Nada nuevo se dice cuando se hace la afirmación anterior. La verdad es que todos los grandes clásicos de la espiritualidad acentuaron el amor a Dios y al prójimo como el fundamento de la vida espiritual. Bernardo de Claraval, por ejemplo, en el siglo 11 ya enseñaba en su *Tratado del amor a Dios* que existían dos grados de amor fundamental: el carnal y el espiritual, y que de la combinación de éstos resultaban las cuatro maneras de amar a Dios. Veamos qué ingenio: el amor carnalmente carnal, el amor carnalmente espiritual, el amor espiritualmente carnal, y el amor espiritualmente espiritual. [26] Bernardo concluía: «Y amamos espiritualmente espiritual cuando por caridad posponemos nuestras ocupaciones espirituales por el bien del prójimo».[27] La contribución

---

24. *Ibid.*, p. 22.
25. Para una consideración detallada de los rasgos de la espiritualidad latinoamericana, ver Fernando Bermúdez, *Espiritualidad desde América Latina: Lucha y contemplación*, Kyrios, Guatemala, 2004.
26. Bernardo de Claraval, San Pablo, Madrid, 1997, pp. 176-177.
27. *Ibid.*, p. 177

distintiva de la teología latinoamericana está en darle a ese amor una dimensión social y política; en reconocer que quien ama al prójimo, en especial al pobre, se compromete con el cambio de su realidad para que ese amor sea eficaz e inteligente. Gutiérrez lo aclara así:

> La verdadera caridad busca partir de las necesidades concretas del otro, y no de nuestro «deber» de practicar el amor (1Co 13), y por eso mismo debe arrancar de un análisis de su situación y de sus requerimientos. Las obras a favor del prójimo no se hacen para canalizar energías ociosas u ocupar personas disponibles sino porque el otro tiene necesidades ... [28]

Un complemento inseparable del amor eficaz es lo que llama J. Sobrino *la honradez con lo real,* que consiste en aceptar la verdad de la realidad, desenmascararla de sus tantas mentiras y comprometerse con ella. Más exactamente significa

> ... llegar a captar la verdad y llegar a responder a la realidad, pues ello se hace no sólo como superación de la ignorancia y de la indiferencia sino ante y contra la innata tendencia de someter la verdad y dar positivamente un rodeo ante la realidad. Captar y aceptar la verdad es dejar que la realidad sea, en primer lugar, lo que es, sin violentarla según gustos e intereses. [29]

Al lector evangélico latinoamericano le puede parecer que este discurso del amor eficaz peca de exceso político y por eso muchas veces lo rechaza. Preferimos servir y amar sin considerar el significado macroestructural de nuestras acciones, sin «comprender [que] las exigencias del amor cristiano son y están condicionadas por las estructuras ... sociales y por los desafíos de cada época de la historia». [30] En esto ha habido ingenuidad, y no siempre ella es una prueba de

---

28. Gustavo Gutiérrez, *Beber en su propio pozo*, Sígueme, Salamanca, 1984, p. 140.
29. Jon Sobrino, *op. cit.,* p. 453.
30. Juan Arias Luna, *Curso de espiritualidad cristiana*, Centro Bíblico Verbo Divi-

espiritualidad, ni de santidad. Nuestra fe nos pide que amemos con los ojos abiertos, que sirvamos con desinterés, pero no con candidez. Muchos de nuestros proyectos sociales —hay que aceptarlo— no pasan de ser ministerios asistencialistas vulnerables a las artimañas de los políticos de turno, o programas paternalistas que refuerzan, aunque sin quererlo, el círculo de la pobreza. «El mundo de los pobres —decía con agudeza monseñor Romero— nos enseña cómo ha de ser el amor cristiano ... que debe ser ciertamente gratuito pero debe buscar la eficacia histórica». [31] Por el camino de la eficacia, nuestra espiritualidad evangélica pudiera ser renovada e ingresar a terrenos que hasta ahora nos han sido esquivos, como la promoción de la justicia, la defensa de los derechos humanos, la construcción de la paz y el fomento de la solidaridad. Nuestra tradición protestante nos ofrece probados ejemplos de lo que significa vivir la espiritualidad del amor eficaz; basten sólo tres ejemplos: Dietrich Bonhoeffer en Alemania, Martin Luther King en los Estados Unidos, y Frank País en Cuba.

Seguimiento de Jesús

Jesús, paradigma y ejemplo de nuestra espiritualidad. A la teología latinoamericana se le adjudica el haber contribuido a recuperar la dimensión esencial del cristianismo como seguimiento de Jesús. Tal como lo enseñan los Evangelios, si hay una relación con Jesús y hay verdadera fe en él, esto se constata en el seguimiento del mismo Jesús. Es creyente quien sigue a Jesús. El verbo «seguir» (*akolouzein*) aparece noventa veces en el Nuevo Testamento, y casi siempre se emplea para referirse al seguimiento de Jesús; sólo en escasas ocasiones para reseñar otras cosas. El término es, ante todo, preferido por los Evangelios, donde aparece 25 veces en Mateo, 18 en Marcos, 17 en Lucas y 19 en Juan. Es entonces una idea evangélica en su esencia.

---

no, Quito, 2002, p. 75.
31. *Ibid.*, p. 140.

El seguimiento tiene que ver con una experiencia cuyo primer paso es el encuentro personal con Jesús como Camino, Verdad y Vida y, a partir de allí, participar en su misión y encarnar sus compromisos en la historia. Lo aclara bien José María Castillo cuando dice:

> Recuperar a Jesús no significa sólo tener noticia de lo que fue en concreto su vida, misión y destino, sino participar en ello y reproducirlo a lo largo de la historia. El seguimiento de Jesús se convierte entonces en la fórmula breve del cristianismo, porque enuncia la recuperación de Jesús y el modo de recuperarlo. [32]

El efecto de este énfasis para la espiritualidad es amplio: se desconecta de cierta visión tradicional que entiende el camino del Espíritu como algo individual, privado, pasivo y celestial, para ubicarlo en el terreno concreto de los compromisos colectivos, radicales e históricos. El fin no es, como en la espiritualidad tradicional, la perfección del individuo sino el compromiso de éste con la causa de Jesús en la historia concreta de cada día.

J. Sobrino, hablando del seguimiento, anota:

> La espiritualidad cristiana no es otra cosa que vivir la espiritualidad fundamental descripta a la manera concreta de Jesús y según el Espíritu de Jesús. Y eso es el seguimiento de Jesús. Este seguimiento tiene dos dimensiones que se relacionan entre sí: la dimensión cristológica y la pneumatológica; la concreción de Jesús como *norma normans,* y el Espíritu que actualiza a Jesús en la historia.[33]

Seguir a Jesús es reconocerlo como Señor y como paradigma de ser humano, y querer «rehacer a lo largo de la historia, la estruc-

---

32. José María Castillo, *El seguimiento de Jesús*, Sígueme, Salamanca, 1992, p. 13.
33. Jon Sobrino, *op. cit.*, p. 459.

tura fundamental de la vida de Jesús».[34] No se trata, pues, de venerar la figura de Jesús como la de un «arquetipo místico» sino de reconocer sus pisadas en la historia concreta de su época y de traducir ese modelo a nuestros días. Seguirlo es hacer lo que él haría hoy en esta historia. De allí que la teología latinoamericana haya prestado especial atención a los estudios del Jesús histórico, para descubrir su figura humana y tras ella reconocer las huellas de su peregrinaje y de su fe. En este sentido, la espiritualidad no sólo es tener *fe en Jesús*, sino tener *la fe de Jesús*.

Y no es que a la espiritualidad cristiana le haya faltado el principio del seguimiento; muchos de los clásicos de la espiritualidad hicieron referencia a ella. La diferencia es que, en algunos casos, el seguimiento se confunde con la imitación, como si se tratara de «repetir» a Jesús desconociendo que no hay dos contextos históricos iguales. La espiritualidad liberadora no enseña la repetición ahistórica sino el seguimiento histórico, es decir, la actualización de su vida y de su causa (el Reino) en cada momento y en cada contexto particular.

«Seguir a Jesús es proseguir su obra, perseguir su causa y conseguir su plenitud».[35] Desde esta óptica, a Jesús se lo sigue haciendo lo que él hizo: anunciar el Reino, sirviendo a los que él sirvió, los más necesitados; viviendo como él vivió, inmerso en la realidad de su pueblo y fiel a la voluntad de Dios a pesar de todos los riesgos. El apóstol Juan lo dice mejor: «El que afirma que permanece en él, debe vivir como él vivió» (1Jn 1.6). Este seguimiento

> ... responde a una cuestión central y centrante de todas las demás: mantener la dialéctica entre el modo como Jesús vivió su obediencia al Padre y lo que eso tiene de interpelación para

---

34. *Ibid.*, p. 459.
35. Leonardo Boff, *op. cit.*, p. 136.

el modo como los cristianos vivimos aquí y ahora nuestra fidelidad a Jesús.
... Si él fue presencia de Dios y de su Reino, no hay otra manera de vivir la vida de hijos de Dios sino la que él vivió. [36]

El Señor que transforma

La conversión integral, requisito fundamental de la espiritualidad. El amor eficaz, dentro de esta espiritualidad, no es el resultado de una toma de conciencia política y nada más sino del encuentro personal con el Señor que nos transforma y nos hace nuevas personas. Gutiérrez fue reiterativo en este aspecto. La conversión, decía él, «es el punto de partida de todo camino espiritual. Ella implica una ruptura con la vida llevada hasta el momento; es la condición para entrar al Reino». [37] Y en su primera obra, en 1972, definía la conversión como «una transformación radical de nosotros mismos» y un cambio que significa «pensar, sentir, vivir como Cristo, presente en el hombre despojado y alienado». [38]

Esta conversión es en mucho diferente al hecho puntual de «afiliarse» a una nueva iglesia o de «recibir a Cristo», como se conoce en la mayoría de iglesias evangélicas. La espiritualidad liberadora habla «no solamente de un cambio de convicción (teoría), sino principalmente de un cambio de actitud (práctica)». [39] Supone que el individuo emprenda un camino diferente de vida y rompa con los moldes de vida egoísta, consumista y, por ende, favorecedor de las injusticias del mundo. Por eso mismo

---

36. Pedro Casaldáliga y José María Vigil, *Espiritualidad de la liberación*, Paulinas, Bogotá, 1992.
37. Gustavo Gutiérrez, 1984, *op. cit.*, p. 124.
38. *Ibid.*, p. 124.
39. Leonardo Boff, *Una espiritualidad liberadora*, Verbo Divino, Navarra, 1992, p. 46.

... la conversión no es un gesto que se realiza una vez por todas. Ella implica un desarrollo, doloroso incluso, en el que no están siempre ausentes las incertidumbres, las dudas, las tentaciones de desandar lo andado. [40]

Es un proceso en el que se van rompiendo los viejos patrones de vida instalados por el mundo y se van acogiendo los valores del Reino, que también son solidaridad, justicia y amor eficaz. «Toda conversión supone por eso el reconocimiento de la presencia del pecado en nuestras vidas y en el mundo en el que nos encontramos».[41]

Buen ejemplo de conversión integral es Zaqueo, según el relato del evangelista Lucas. Este publicano había amasado una fortuna como fruto de su deshonestidad y sus muchas injusticias. Su encuentro con Jesús lo transformó (Lc 19.1-10). Zaqueo devolvió lo robado y aún dio más como desagravio por su maldad (¡Cuánto dinero tenía!). Su experiencia espiritual afectó todas las dimensiones de su vida: la personal, la social, la económica, la comunitaria, y otras más. «Mira, Señor: Ahora mismo voy a dar a los pobres la mitad de mis bienes, y si en algo he defraudado a alguien, le devolveré cuatro veces la cantidad que sea» (19.8). Vale destacar la inclusión de los pobres en su decisión de cambio, y el efecto que tuvo esa decisión en la vida de su comunidad inmediata; Jesús lo confirma cuando dice: «Hoy ha llegado la salvación a esta casa» (19.9). Hoy necesitamos una espiritualidad que aliente esta misma salvación: que sea integral (todas las áreas de la vida), radical (implica decisiones transformadoras) e inclusiva (también los poderosos y dominadores). [42] Esta conversión contempla la dimensión individual (cambio moral

---

40. Gustavo Gutiérrez, 1984, *op. cit.*, p. 125.

41. *Ibid.*, p. 126.

42. Sobre la conversión de los poderosos, Franz Hinkelammert dice que hoy no hay que aspirar a la toma del poder sino a la transformación de los poderosos. Hoy se necesitan, dice él, consensos sociales que impliquen a los dominadores y poderosos: «... un consenso de estructurar la economía y la sociedad en función de la necesidad de sobrevivencia humana». Hay necesidad —sigue diciendo Hinkelammert— de

del individuo) junto a la dimensión social. «No se trata sólo de un cambio interior sino de toda la persona con su corporeidad ... lo que repercute también sobre el tejido de relaciones sociales en que ella se encuentra»; como sucedió con Zaqueo.

Liderazgo contracultura y eclesiología militante

Nos resta ahora considerar las relaciones entre esta espiritualidad del *amor eficaz, cristocéntrica* y en *permanente conversión,* y el modelo de liderazgo que lo acompaña. Este último tema interesó de manera especial a los agentes de pastoral que trabajaban en las comunidades eclesiales de base (CEB) y servían como orientadores de los movimientos populares. Se preconizó un modelo de liderazgo *contracultural* (que se distanciara del modelo tradicional autoritario), *democrático* (en el que todos tuvieran derecho a su voz), *facilitador* (la función del líder es facilitar los procesos grupales), y *servicial* (los líderes al servicio del pueblo así como lo fue Jesús). Leonardo Boff y su hermano Clodovis, también Segundo Galilea, Juan Antonio Estrada, Víctor Codina, José María Castillo, Alberto Parra y otros se interesaron, por su vocación pastoral y teológica, en el tema del poder y su relación con el nuevo liderazgo. También el educador brasileño Paulo Freire sigue siendo una referencia obligada en estos temas por sus perspectivas pedagógicas y sus pautas para la educación liberadora orientadas hacia la concientización y al desarrollo humano.

En cuanto a Leonardo Boff, al comienzo de la década del 80 quiso traducir los postulados teológicos y sociales hasta ahora ela-

---

enfatizar un llamado que nunca le gustó a la izquierda: el llamado a la conversión de los dominadores. «El dominador tiene que convertirse, ellos tienen el poder, y si se hacen absolutamente cínicos, ningún movimiento en el mundo puede hacerles nada». Este pensamiento es fastidioso para la vieja izquierda que siempre pensó que el proletariado es el único actor de su propia salvación. Ver Franz Hinkelammert, citado por J. Duque y G. Gutiérrez (editores), *Itinerario de la razón crítica: Un homenaje a Franz Hinkelammert en sus 70 años,* DEI, San José, 2001.

borados en una propuesta definida de eclesiología. Él reconocía que si se estaba hablando de revolución hacia afuera (social), era necesario dar testimonio de ella adentro (en la comunidad de fe), y fue así como escribió en 1981 su *Iglesia: carisma y poder: Ensayos de eclesiología militante*,[43] obra que le ocasionó grandes disputas y que, al final, provocó las sanciones impuestas por parte de las autoridades de su Iglesia. Al parecer no fueron tan incómodos sus escritos cristológicos, ni siquiera sus posiciones ideológicas, pero sí su propuesta de transformación interna de la Iglesia. Y es que ésta era ambiciosa: Boff decía que la Iglesia no necesitaba una simple reforma, sino una re-creación; se preguntaba si la Iglesia-institución había superado la prueba del poder; recomendaba que se volviera a las fuentes neotestamentarias y se buscara en ellas «el sentido evangélico de la autoridad», y hablaba de una *eclesiogénesis* para que de esta vieja y rancia Iglesia surgiera una nueva.

Todos estos cambios giraban en torno a nuevas propuestas de liderazgo, reestructuración del poder y transformación del concepto de autoridad. Así lo presentaba él:

> Semejante construcción no puede realizarse válidamente sino a partir de una revisión valiente de la historia de las instituciones, estructuras y formas, y a partir también de un resurgimiento espiritual muy puro.[44]

La espiritualidad de la liberación postula que para que surja un nuevo liderazgo es necesario dejar que se desplomen las viejas estructuras del poder («formas paganas de poder», según Boff). No es tan sólo asunto de tener líderes individuales más parecidos a Jesús sino también de tener estructuras más acordes con el modelo participativo y humanizador de Jesús.

---

43. Leonardo Boff, *Iglesia: carisma y poder. Ensayos de eclesiología militante*, Sal Terrae, Santander, 1982.

44. *Ibid.*, p. 109.

El poder es poder del amor. Y el poder del amor posee una naturaleza distinta de la del poder-dominación: es frágil y vulnerable, y es cautiva por su debilidad y por su capacidad de entrega y perdón. [45]

De la espiritualidad del compromiso nace, entonces, un nuevo liderazgo caracterizado no por el amor al poder sino por el poder del amor.

Para concluir, vale agregar que hasta hace cuarenta años, o un poco más, no se hablaba de la espiritualidad latinoamericana. Hoy es posible hablar de ella. Surgió dentro de la teología de la liberación, y no ha sido asunto de interés para sus críticos. Hoy, cuando el tiempo ha pasado y las polarizaciones ideológicas han perdido fuerza, tenemos la oportunidad de volver los ojos a ella para recoger sus regalos y recordar que la vida en el Espíritu tiene que ver con esta vida y que es aquí donde Jesús espera que le sigamos.

Vida antes de la muerte

Una historia antes de terminar:

> Todas las preguntas que se suscitaron aquel día en la reunión pública estaban referidas a la vida más allá de la muerte. El Maestro se limitaba a sonreír sin dar una sola respuesta. Cuando más tarde, los discípulos le preguntaron por qué se había mostrado evasivo, él respondió: «¿No habéis observado que los que no saben qué hacer con esta vida son precisamente los que más desean otra vida que dure eternamente?».
>
> «¿Pero hay una vida después de la muerte o no la hay?», insistió un discípulo. Y el Maestro replicó enigmáticamente: «¿Hay vida antes de la muerte? ¡Esta es la cuestión!».

---

45. *Ibid.*, p. 115.

En un continente golpeado por la pobreza y la miseria, donde la injusticia campea inmune y donde la desesperanza se apodera de todos, nos corresponde gritar que en Jesús hay vida, y que la hay aquí, ahora, antes de la muerte.

Preguntas para la reflexión y el diálogo

La espiritualidad y el liderazgo en nuestra experiencia diaria

1. En cuanto al *amor eficaz*: ¿cuáles son algunas de las formas más comunes que se emplean en nuestras iglesias para expresar la preocupación por las personas más necesitadas?

2. En cuanto a *Jesús como modelo*: en la actualidad, ¿cuáles son los personajes que modelan o sirven de paradigma de la espiritualidad evangélica?

3. En cuanto a la *conversión radical*: teniendo en cuenta la tradición teológica de nuestra comunidad cristiana, ¿cuáles son para ella las señales de la conversión? ¿Se incluyen algunas señales del comportamiento social o político?

4. En cuanto al *liderazgo*: pensando en la historia de nuestras instituciones religiosas ¿qué elementos de la estructura de autoridad impiden y cuáles promueven el ejercicio de un liderazgo renovador, participativo, facilitador y servicial?

Nos dice la Biblia

1. Tomando como base el episodio de la conversión de Zaqueo (Lc 9.1-9), ¿qué significó para este publicano su encuentro con Jesús? ¿De qué forma su conversión afectó sus relaciones sociales, sus principios éticos, su perspectiva de los más necesitados y su manera de relacionarse con Dios en la persona de Jesús?

2. ¿Qué aspecto contempla Jesús en el pasaje de Mateo 25. 34-46 para juzgar o validar la espiritualidad cristiana?

**Desafíos para nuestra espiritualidad
y nuestra manera de ejercer el liderazgo**

1. Siendo la situación social y política un referente clave de la espiritualidad integral, ¿qué acciones propongo para retomar estos aspectos a la práctica de la espiritualidad en nuestra comunidad de fe?

2. ¿Qué ideas surgen al pensar en un cambio de estructura de autoridad que facilite un liderazgo más humano, participativo y servicial en nuestra institución eclesial (iglesia, denominación o institución de servicio, según el caso)?

Algo más acerca de la espiritualidad de la liberación

(Monseñor Oscar A. Romero y el costo del liderazgo) [46]

La espiritualidad liberadora en América Latina cuenta con una extensa lista de mártires que entregaron su vida siguiendo a Jesús y viviendo su fe con la radicalidad propia del Reino. Estamos, pues, ante algo más que una teoría abstracta de la vida cristiana. Y entre los mártires hay uno que aquí queremos destacar: monseñor Oscar Arnulfo Romero (1917-1980), obispo de San Salvador y modelo ejemplar de lo que significa esta «nueva manera de hacer teología» y de «vivir la fe».

---

46. Esta reseña está basada en un artículo escrito por el autor, en homenaje a monseñor Romero en el vigésimo quinto aniversario de su muerte y publicado en la revista *Signos de Vida* # 36, CLAI, Quito, junio 2005, y en un artículo más breve, para la revista *WorldView*, World Vision-UK, mayo 2, 2005:
www.worldvision.org.uk/getinvolved/enewsletter/pasteditions/
index.asp

Primero una breve reseña de monseñor Romero y una valoración de lo que significa su vida para la espiritualidad latinoamericana; después, una pequeña colección de frases en las que Romero trata el tema del liderazgo entendido como servicio, entrega y sacrificio a favor de los más débiles.

Creyeron matarlo

Su última misa fue la del lunes 24 de marzo de 1980. De eso hace ya veinticinco años. A las 6.25 de la tarde, en el momento del ofertorio, cuando el pan y el vino son presentados al Señor antes de ser consagrados por el oficiante, un francotirador apuntó hacia él: con la destreza de un criminal entrenado asesinó a monseñor Oscar Arnulfo Romero.

Con un tiro a la altura del corazón pretendieron dar fin al profeta del pueblo que un día antes, en la homilía dominical en la catedral de San Salvador, había hecho un llamamiento a los hombres del ejército, a las bases de la Guardia Nacional y de la Policía para que dejaran de matar a su pueblo:

> Ningún soldado está obligado a obedecer una orden contra la ley de Dios ... Ya es tiempo de que recuperen su conciencia y obedezcan antes a su conciencia que a la orden del pecado ... Queremos que el gobierno tome en serio que de nada sirven las reformas que van teñidas de sangre.

Su «delito» fue condenar las infamias del gobierno, denunciar la violencia de las fuerzas militares y reclamar justicia para su pueblo; y ese «delito» lo pagó con su vida. Sus enemigos le cobraron su atrevimiento profético silenciando su voz aquella tarde mientras cumplía con su deber de pastor en la capilla del Hospital de la Divina Providencia. Sus reclamos resultaron inaceptables para los poderosos. Su predicación en defensa de los más necesitados no fue tolerada por los opresores y violentos.

Sentir con la iglesia

Hoy, el legado espiritual del arzobispo de San Salvador está vigente. Su acción pastoral estuvo orientada, desde el inicio de su nombramiento el 23 de febrero de 1977, a acompañar a su pueblo en las situaciones de miseria y de muerte. Su lema fue «sentir con la iglesia». Eso significó estar al lado de la gente más necesitada, aunque en eso no tuviera el respaldo de la jerarquía de la Iglesia y mucho menos del gobierno de turno. Puso la arquidiócesis al servicio de la paz y de la reconciliación en un momento en el que la situación política y social de su país era en extremo difícil, y se complicaba aún más por el nuevo fraude electoral que puso en el poder a otro militar, el general Carlos Humberto Romero.

Monseñor estuvo con la gente. Fueron incontables sus visitas pastorales. Donde se lo invitaba, allá iba, aún a los más apartados rincones de El Salvador. Acudía corriendo los riesgos de un país en guerra civil. No perdía oportunidad para estar con la gente, en especial con los más pobres. Le gustaba dialogar con los miembros de las comunidades a donde iba y escuchar sus opiniones. De esa manera formó muchas comisiones de trabajo popular y equipos de servicio cristiano. En la capital, sirvió como mediador de los conflictos laborales y como vocero de los más débiles. Creó una oficina de defensa de los derechos humanos y abrió las puertas de la iglesia para dar refugio a los cientos de campesinos que huían de la persecución en el campo. El pueblo reconoció en él a un pastor y servidor identificado con sus penas y a un defensor de sus derechos. Eso fue lo que quiso ser:

> Quiero ser el servidor de Dios y de ustedes ... Soy simplemente el pastor, el hermano, el amigo de este pueblo ... El que esté en conflicto con el pueblo estará en conflicto conmigo.

Conversión a tiempo

Pero monseñor Romero no fue siempre así. Su primera parroquia fue la de Anamoros, en el oriente del país, de donde fue trasladado poco tiempo después a la ciudad de San Miguel, situada a 138 kilómetros de la capital. En este lugar desarrolló, desde 1944, su labor pastoral por más de veinte años. Fue conocido por su dedicación convencional a su feligresía, por su piedad, por su vida de oración, pero todavía no por un relevante compromiso social. Hasta hubo quienes lo calificaron de «reaccionario, intolerante y tradicionalista a ultranza», como lo hubieran preferido por siempre sus posteriores enemigos.

En 1966 fue elegido secretario de la Conferencia Episcopal de El Salvador. Su nombramiento no fue bien recibido por los sectores progresistas de la Iglesia, los que conocían su tradición conservadora y sabían de sus intenciones de desviar los aires de renovación que venían soplando desde el Concilio Vaticano II. Sus planteamientos como secretario del episcopado y como director del periódico *Orientación*, no hicieron más que confirmar esas sospechas. Pero en 1974 fue nombrado obispo de la diócesis de Santiago de María, en el departamento de Usulután, y allí comenzó el cambio.

En Santiago de María, una diócesis con dos millones de habitantes y con no más de veinte parroquias, tuvo la oportunidad de conocer desde otro ángulo la realidad salvadoreña. Allí palpó la represión, la persecución política de un gobierno ilegítimo, la miseria y la explotación en la que vivían los pobres. Se encontró con nuevas y diferentes realidades sociales que exigían otras líneas de acción pastoral. El 21 de junio de 1975 la Guardia Nacional asesinó a cinco campesinos en el cantón «Las tres calles» y, aunque no hizo una denuncia pública como algunas personas se lo pidieron, escribió una exaltada carta al presidente, coronel Arturo Armando Molina:

> Ahora, Señor Presidente, después de haber convivido esta desolación, sembrada por quienes deberían ser inspiración de confianza y seguridad de nuestro noble campesinado, cumplo con mi deber de expresar a Ud. Mi respetuosa pero firme protesta de obispo de la Diócesis, por la forma en que un «cuerpo de seguridad» se atribuye indebidamente el derecho de matar y maltratar.

A la masacre de «Las tres calles» se unieron otros hechos que le hicieron reflexionar y tomar decisiones a las cuales hasta entonces no estaba acostumbrado.

Cuando fue nombrado arzobispo de San Salvador, aún contaba con el favor del gobierno y de los grupos de poder que habían sido sus amigos. Pero una semana después, el 12 de marzo de 1977, sucedió algo que lo cambiaría para siempre: fue asesinado su entrañable amigo, el padre jesuita Rutilio Grande. Entonces monseñor Romero fue otro. Amenazó al gobierno con el cierre de las escuelas y con la ausencia de la Iglesia Católica en los actos públicos.

> Cuando yo lo miré a Rutilio muerto, pensé: si lo mataron por hacer lo que hacía, me toca a mí andar por el mismo camino ... Cambié, sí, pero también es que volví de regreso.

Cambió a favor de su pueblo y en contra de quienes con el poder de las armas imponían su antojadiza voluntad. Optó por los pobres, encaró la persecución con entereza, dejó que su voz de profeta indignado se escuchara en los altares del poder oligárquico, y afirmó su fe para seguir a Jesús por la senda de los desvalidos.

Y este cambio, ¡cómo afectó su estilo de liderazgo! Martin Maier, escritor de una de sus últimas biografías espirituales, dice sobre este particular:

Si antes tomaba sus decisiones en soledad, ahora Romero se dejaba aconsejar por las personas y los grupos más diversos. Se convirtió en un hombre dialogante ... De esta manera, se apartó de un modelo religioso autoritario y vertical ... renunció a su autoridad jerárquica y, de esta manera, se ganó una autoridad moral extraordinaria.[47]

Jesús, razón de su esperanza

Las convicciones de monseñor Romero estuvieron enraizadas en la esencia misma del evangelio y en su fidelidad a la persona de Jesús. Lo dijo una y otra vez:

> Jesús es la fuente de la esperanza. En Jesús se apoya lo que predico. En Jesús está la verdad de lo que estoy diciendo ... la opción preferencial por los pobres no es demagogia, es evangelio puro ... esta es la trascendencia, sin la cual no es posible una perspectiva de justicia social: Cristo presente en los más pequeñitos.

Romero —como lo llamaban sus amigos y ahora lo llama todo el pueblo— no fue un mero activista social de inspiración política, ni un caudillo popular que enardeciera las masas tras la búsqueda de poder personal. «Jamás me he creído un líder», dijo en la homilía pronunciada el 28 de agosto de 1977, «sólo hay un líder: Cristo Jesús». Él era ante todo un creyente para quien Dios, lejos de ser un vocablo vacío o una realidad abstracta, era la razón de ser de la vida y el horizonte último de la justicia, la paz, el amor y la verdad.

La espiritualidad de monseñor Romero es su más grande herencia para los cristianos de América Latina y del mundo. Creyó en Dios a la manera de Jesús. Para él, estar en comunión con Dios, predicar a Dios y orar a Dios era, ante todo, hacer real y efectiva la

---

47. Martin Maier, *Monseñor Romero: Maestro de espiritualidad*, UCA, San Salvador, 2005, p. 53.

voluntad de ese Dios aquí mismo, en esta tierra de dolores y alegrías, de angustias y esperanzas. Luchó contra las atrocidades de los violentos, contra los abusos de los gobernantes, contra la indiferencia de los ricos y contra el egoísmo de todos. Para él, la guerra, el despotismo y la resignación eran pecados, formas de negar la voluntad del Creador.

Más presente que nunca

Su vida es ahora una lección viviente, y su asesinato, la aparente victoria de quienes intentaron matarlo. Días ante de que el asesino le disparara, había dicho:

> He sido frecuentemente amenazado de muerte. Debo decirles que, como cristiano, no creo en la muerte sin resurrección. Si me matan, resucitaré en el pueblo salvadoreño.

Y refiriéndose a otros mártires caídos por las mismas armas, había afirmado: «Les han querido matar, y están más presentes que antes en el pueblo».

Un cuarto de siglo después, monseñor Romero está más presente que antes, como él lo había querido, en medio del pueblo salvadoreño. Su vida es una elocuente lección de lo que significa el amor eficaz, el seguimiento de Jesús y la conversión integral, a pesar de todos los costos.

Que Romero diga su palabra[48]

Las homilías de monseñor Romero, pronunciadas hace ya más de un cuarto de siglo, se siguen escuchando y leyendo. Hay decenas

---

48. Esta colección de frases está tomada de las homilías y diarios de monseñor Romero, publicadas en: *Monseñor Oscar A. Romero: su pensamiento* (Tomos I-VIII), Criterio, San Salvador, 2000.

de grabaciones de audio que se conservan casi intactas; también una publicación en ocho tomos de todos sus mensajes emitidos desde la misa de exequias de su entrañable amigo, el padre Rutilio Grande, el 14 de marzo de 1977, hasta la última, pronunciada el 24 de marzo de 1980, minutos antes de su muerte. Su capacidad de articular la verdad bíblica con los acontecimientos del diario vivir de su pueblo es una muestra más de su corazón de pastor comprometido y de creyente fiel a Dios y a su historia. De esas homilías se toman las siguientes citas alusivas a su estilo de liderazgo y a su convicción de que la autoridad de los ministros de la Iglesia deriva de su capacidad de servicio. Dejemos que él nos diga su palabra:

- *El obispo es un humilde servidor*

    Los obispos no mandamos con un sentido despótico. No debe ser así. El obispo es el más humilde servidor de la comunidad porque Cristo lo dijo a los apóstoles ... «El que quiera hacerse más grande entre ustedes, hágase el más chiquito, sea el servidor de todos». Nuestro mandato es servicio. Nuestra conducción, nuestra palabra, es servicio (Homilía: 23 de abril de 1978).

- *Que también hable el pueblo*

    Si yo fuera un celoso, como los personajes del Evangelio y de la primera lectura, diría: «¡Prohíbasele! Que no hable, que no diga nada. Sólo yo, obispo, puedo hablar». No. Yo tengo que escuchar qué dice el Espíritu por medio de su pueblo y ... hacerlo construcción de la Iglesia (Homilía: 30 de septiembre de 1979).

- *El servicio como realización humana*

    No hay que mirar las profesiones únicamente como medios para ganar dinero e instalarse política o socialmente. Hay que buscar ... el servicio a la humanidad, el mejor rendimiento de mi vida no para ganar sino para servir (Homilía: 24 de septiembre de 1978).

- *La victoria del servicio: la victoria de Cristo*

    Las victorias que se amasan con sangre son odiosas. Las victorias que se logran a fuerza bruta son animales. La victoria que triunfa es la de la fe. La victoria de Cristo que no vino para ser servido sino para servir (Homilía: 25 de marzo de 1978).

- *El pueblo es mi maestro*

    No sólo el predicador enseña, el predicador aprende. Ustedes me enseñan. La atención de ustedes es para mí también inspiración del Espíritu Santo. El rechazo de ustedes sería para mí también rechazo de Dios (Homilía: 16 de julio de 1978).

- *El servicio es el sentido de la iglesia*

    Una Iglesia no puede consistir únicamente en cuidarse a sí misma, como aquellos que viven preocupados únicamente de su salud y nunca tienen tiempo para hacer nada, porque están cuidando su salud. La Iglesia cuida su salud, pero no con egoísmo sino para estar fuerte, sana, y servir. La Iglesia tiene por objeto servir (Homilía: 17 de septiembre de 1978).

- *Por una iglesia kenótica, no altanera*

    Queridos hermanos, esta es la gloria de la Iglesia: llevar en sus entrañas toda la kénosis de Cristo. Y por esto tiene que ser humilde y pobre. Y una Iglesia altanera, una Iglesia apoyada en los poderes de la tierra, una Iglesia sin kénosis, una Iglesia llena de orgullo, una Iglesia autosuficiente, no es la Iglesia de la kénosis de san Pablo (Homilía: 1 de octubre de 1978).

MÁS ALLÁ DE LA UTOPÍA

- *Sencillamente, cristiano*

    Ya decía santa Teresa, ya nos confundimos qué título hay que darle a los prelados: si excelencia, si eminencia. Y ni entendemos ya, parecen payasadas, muchas veces: ¡Excelencia, excelencia! ¡Cuánto más hermoso el nombre de cristiano! (Homilía: 5 de noviembre de 1978).

- *Amigo de todos*

    Una niña me dice un discurso al llegar: «Permítanos que los niños y los jóvenes lo saludemos como a un buen amigo». No me han dicho una palabra más bella, quiero ser el amigo de ustedes (Homilía: 26 de septiembre de 1978).

- *Soy un hombre frágil*

    Yo siento que hay algo nuevo en la arquidiócesis. Soy un hombre frágil, limitado, y no sé que es lo que está pasando, pero sí sé que Dios lo sabe. Y mi papel como pastor es esto que dice hoy san Pablo: «No extingáis el Espíritu Santo». Si con un sentido de autoritarismo yo le digo a un sacerdote: ¡no hagan eso!, o a una comunidad cristiana: ¡no vayan por ahí!, y me quiero constituir como que yo fuera el Espíritu Santo y voy a hacer una Iglesia a mi gusto, estaría extinguiendo el Espíritu (Homilía: 17 de diciembre de 1978).

- *Liderazgo participativo*

    No me gusta cuando me dicen «la línea del señor arzobispo». Yo no tengo una línea personal, estoy tratando de seguir la línea de estos grandes acontecimientos de la Iglesia, y me alegró que la Comisión de Pastoral estudia como un proyecto de la diócesis, que yo recibí ya como preciosa herencia de monseñor Chávez y que estamos tratando de poner en práctica con grandes éxitos en las comunidades donde lo toman en serio (Homilía: 23 de marzo de 1980).

- *Los riesgos del servicio*

    Quiero asegurarles a ustedes, y les pido oraciones, para ser fiel a esta promesa, que no abandonaré a mi pueblo, sino que correré todos los riesgos que mi ministerio exige (Homilía: 11 de noviembre de 1979).

- *En medio de la gente*

    Es cierto que he andado yo por El Jicarón, por El Salitre y muchos otros cantones. Y me glorío de estar en medio de mi pueblo y sentir el cariño de toda esa gente (Homilía: 25 de septiembre de 1977).

- *Igual a todos*

    Yo no pretendo otra cosa, hermanos, sino ser cristiano, obispo, el cristiano que está desempeñando su papel de signo de unidad. No soy más que nadie (Homilía: 5 de febrero de 1978).

- *Tiempo para la gente*

    Por la tarde hubo varias visitas a pesar de no estar anunciadas, pero dada la inmensidad de problemas, ocupaciones, rehenes y otros casos similares hay que atenderlos sin dilación (Su diario: 15 de febrero de 1980).

- *Enraizado con la gente*

    Un tema con lenguaje pastoral sencillo y un saludo a la despedida, a todos dándoles la mano, deja en el alma una tranquilidad de estar enraizado y encariñado con el pueblo que sabe corresponder (Su diario: 31 de mayo de 1979).

- *Liderazgo a la medida de la gente*

   Un sacerdocio, como lo necesitan los pueblos de hoy, de un hombre que siendo verdaderamente un hombre de oración y comprometido con Dios, sepa ser también un hombre del pueblo, en medio del pueblo, voz del pueblo, sintiendo con su pueblo sus angustias y sus esperanzas (Homilía: 14 de mayo de 1978).

- *Escuchar la voz del pueblo*

   Yo tengo que escuchar qué dice el Espíritu por medio del pueblo (Homilía: 30 de septiembre de 1979).

- *Dar la vida cada día*

   Dar la vida no es sólo que lo maten a uno. Dar la vida, tener espíritu de martirio, es dar en el deber, en el silencio, en la oración. En el cumplimiento honesto del deber, ir dando la vida, como de la madre que sin aspavientos, con la sencillez del martirio maternal da a luz, da de mamar, hace crecer, cuida con cariño a su hijo (Homilía: 15 de mayo de 1977).

- *Modelo de humanidad*

   La grandeza del hombre no es ir a la gran ciudad, no es el tener títulos, riqueza, dinero. La grandeza del hombre está en ser más hombre, más humano (Homilía: 5 de marzo de 1978).

- *Liderazgo de servicio a los más pobres*

   Hay que combatir el egoísmo que se esconde en quienes no quieren ceder lo suyo para que alcance para los demás. Hay que volver a encontrar la profunda verdad evangélica de que debemos servir a las mayorías más pobres (Homilía: 2 de abril de 1978).

- *La autoridad del servicio*

  Peleaban los apóstoles quién era el más grande, el pleito jerárquico de siempre ... La autoridad en la Iglesia no es mandato, es servicio ... ¡Qué vergüenza para mí, pastor! Y les pido perdón, a mi comunidad, cuando no haya podido desempeñar como servidor de ustedes mi papel de obispo. No soy un jefe, no soy un mandamás, no soy una autoridad que se impone. Quiero ser el servidor de Dios y de ustedes (Homilía: 10 de septiembre de 1978).

- *Dar la vida por los que se aman*

  Como pastor, estoy obligado por mandato divino a dar mi vida por quienes amo, que son todos los salvadoreños, aún por aquellos que vayan a asesinarme. Si llegaran a cumplirse las amenazas, desde ya ofrezco a Dios mi sangre por la redención y por la resurrección de El Salvador. El martirio es una gracia que no creo merecer. Pero si Dios acepta el sacrificio de mi vida, que mi sangre sea semilla de libertad y la señal de que la esperanza será pronto una realidad. Mi muerte, si es aceptada por Dios, sea por la liberación de mi pueblo y como un testimonio de esperanza en el futuro (Entrevista concedida a un periodista mexicano, dos semanas antes de su asesinato).

Epílogo

Liderazgo irrelevante y utopía posible

> Aquí es donde se ve muy clara la necesidad del nuevo sentido del liderazgo cristiano. El líder del futuro será quien se atreva a *proclamar su irrelevancia* en el mundo contemporáneo como una vocación divina que le permita entrar en profunda solidaridad con la angustia que subyace bajo el brillo de éxito y llevar hasta allí la luz de Jesús.
>
> *Henry J. M. Nouwen* [1]

La ruta que hemos seguido ha sido extensa en cuanto al tiempo (desde el *Qohélet* del Antiguo Testamento hasta la teología de la liberación de hoy) y variada en cuanto a su contenido (místicos, teólogos, monjes, maestros, reformadores y profetas). Tanto con la extensión como con la variedad he procurado recuperar el valor de la *catolicidad* del pueblo de Dios, es decir, que formamos parte de una iglesia universal, no limitada por el tiempo, ni uniforme, ni restringida a una confesión determinada. La iglesia es tan diversa como las partes de un cuerpo, según la enseñanza paulina (1Co 12). Esta *catolicidad* —que no siempre es lo mismo que

---

1. Henry J. M. Nouwen, *En el nombre de Jesús*, PPC, Madrid, 1998 (5ª ed.), p. 30.

universalidad—[2] clama por su pronto retorno al seno de las reflexiones cristianas de hoy. Para la espiritualidad y el liderazgo ha sido primordial (lo hemos comprobado en cada capítulo); también para otros temas como la teología, la pastoral, la educación y la liturgia resultaría provechosa.

En cada capítulo, como abriendo pequeñas ventanas, hemos descubierto con sagrada curiosidad algunos de los secretos de creyentes antiguos y actuales en cuanto a la forma de concebir su fe y la manera de proyectarla en su vida diaria; la forma de vivir en intimidad con Dios y refrendar la autenticidad de su piedad al ejercer la función de líderes y dirigentes. ¡Ventanas de ayer, ventanas de hoy, ventanas de siempre! Con cada una confirmamos la intuición inicial de que el liderazgo y la espiritualidad forman parte de una sola realidad inseparable. *El liderazgo* —político, educativo, empresarial, eclesial o cualquier otro— *refleja los valores espirituales encarnados por el individuo y legitimados por la comunidad*. Por eso, si se quiere adoptar un estilo servicial de liderazgo (como se propone en algunas escuelas de la administración moderna) el secreto habrá que encontrarlo no en las técnicas gerenciales, ni en los presupuestos de la psicología organizacional, sino más allá, en el fondo, en lo más profundo del ser: en el alma transformada por la gracia del Espíritu. Habría que buscarla siguiendo a aquel que dijo: «... aprendan de mí, pues yo soy apacible y humilde de corazón, y encontrarán descanso para su alma» (Mt 11.29).

Jesús es la fuente de la espiritualidad cristiana y el modelo de nuestro liderazgo. Su ejemplo es suficiente, aunque costoso (Jn 15.13). No hay otro paradigma aparte de Jesús. Ni Benito de Nursia,

---

2. Según el historiador Justo González, «catolicidad» no es siempre lo mismo que «universalidad». Dice él que «..."universal" es lo que se encuentra uniformemente presente en todas partes; "católico" es lo que concuerda con el todo, aquello en que todos tienen un lugar. A veces los dos pueden tener un sentido semejante; pero otras veces pueden oponerse diametralmente». Justo González, *Mapas para la historia futura de la iglesia*, Kairós, 2001, pp. 94-95.

ni Evagrio Póntico, ni Sinclética, ni Atanasia, ni Lutero, ni Calvino, ni de las Casas, ni Romero, ni siquiera los escritores sagrados como *Qohélet* o Pablo de Tarso; ninguno de los de ayer y ninguno de los de hoy. En esto también solo Jesús basta. La grandeza de los testigos encontrados en cada capítulo está en haber sido auténticos seguidores de Jesús y en habernos señalado posibles caminos para nuestra propia caminata. Pablo lo expresa bien al decir: «Imítenme a mí, como yo imito a Cristo» (1Co 11.1), o Romero al decir: «Jamás me he creído un líder. Sólo hay un líder: Cristo Jesús» (Homilía: 28 de agosto de 1977).

Larry Spears, responsable del Greenleaf Center for Servant Leadership, desde un enfoque empresarial del liderazgo de servicio, se caracteriza por desarrollar en los líderes los siguientes diez valores:

1. *Escucha* para poder identificar la voluntad del grupo.

2. *Empatía* para comprender lo que los demás quieren.

3. *Sensibilidad terapéutica* para saber remediar los daños que sufren los demás.

4. *Conciencia* para mantenerse alerta en función de lo que sucede a su alrededor.

5. *Persuasión* para guiar sin necesidad de forzar al grupo o ejercer el mando de manera indebida.

6. *Conceptualización* para asumir los grandes retos que surgen cada día.

7. *Previsión* para prever el resultado probable de una determinada situación.

8. *Administración* para servir en función de las necesidades e intereses ajenos.

9. *Crecimiento* para creer en el valor de los demás y comprometerse con su desarrollo personal.

10. *Comunidad* para ser sensible con la organización y ayudar a hacer de ella una verdadera comunidad humana.

Sin desvalorizar el aporte teórico de este enfoque y reconociendo la importancia que tienen para el ejercicio del liderazgo cristiano, propongo otros valores que se desprenden de la espiritualidad por la que hemos caminado en estas páginas. Sin estos valores promulgados por las diferentes espiritualidades cristianas será ilusorio continuar hablando del servicio como cualidad fundamental del liderazgo. Los valores complementarios que propongo también son diez: [3]

> 1. *Humildad* para reconocer la verdad acerca de sí mismo (la vulnerabilidad personal), vivir sin fingimiento y orientar a los demás con compasión (Ef 4.2).
>
> 2. *Entrega* para que su participación como líder o dirigente tenga auténtico sentido de causa y aspire a dejar un legado transformador (Jn 12.24; Mt 10.39).
>
> 3. *Sencillez* para vivir con contentamiento, evadir la pretensión de ser superior a su grupo y permitir que lo reconozca como uno más entre iguales (Ro 12.3; 1Ti 6.6).
>
> 4. *Fidelidad* para vivir sus convicciones de manera coherente y generar confianza y compromiso entre los demás miembros de la comunidad (Sal 15.2-4).
>
> 5. *Vitalidad* para celebrar las múltiples manifestaciones cotidianas de la vida y contribuir a generar un ambiente de trabajo saludable y un compromiso prioritario con la defensa de la vida (Jn 10. 10).

---

3. Queda para un trabajo posterior desarrollar con mayor amplitud los diez valores que aquí se enuncian. Aunque cada uno de ellos es reflejo de las espiritualidades presentadas en esta obra, vistos en conjunto representan una propuesta que amerita una explicación más detallada.

6. *Enseñabilidad*[4] para aprender de todos los integrantes del grupo y ayudar a desarrollar una comunidad en continuo aprendizaje (1P 4.10; Ro 1.11-12).

7. *Generosidad* para relacionarse con los demás con amabilidad y acoger a todos con humanidad, respeto y caridad (Ro 12.10).

8. *Corporalidad* para que la comunidad (empresa, organización, escuela, iglesia u otra) sea comprendida y afirmada como cuerpo en el que todos sus miembros participan, son responsables y tienen pleno derecho a la participación y a la disidencia (1Co 12.12).

9. *Solidaridad* para compadecerse con los más débiles y frágiles del mundo y profundizar los compromisos del grupo en la defensa de la justicia y la paz (Mt 25.35-36).

10. *Valoración* para todos los miembros del grupo y compromiso para colaborar en su desarrollo personal (Ef 4.15-16).

La diferencia principal de estos valores con los enunciados por Larry Spears es que apuntan hacia el *ser espiritual* del líder, antes que a su *quehacer administrativo*. Los dos son complementarios. No hay por qué oponer el servicio contemplativo de María con la gestión servicial de Marta (Lc 10.38-42). En aras de este equilibrio bien vale recordar de nuevo la sentencia benedictina *ora et labora*, o la de Jesús: «Debían haber practicado esto, sin dejar de hacer aquello» (Lc 11. 42). Esta es la clave de la relación entre espiritualidad y liderazgo: en saber unir el *ser* con el *hacer* y en no sacrificar, en el altar de la eficiencia, el cultivo del alma y el desarrollo integral del ser humano hecho a imagen y semejanza del Creador. ¡Es un asunto de dignidad y humanidad! ¡Es un asunto de la utopía del Reino de Dios!

---

4. Término que proviene de la psicopedagogía moderna y que se define como «aprehensión del conocimiento específico en un área del saber, así como sus métodos, técnicas y procedimientos que le son inherentes»: http//www.psicopedagogia.com/definicion/.

Bibliografía sugerida

En esta bibliografía se incluye una selección de *textos básicos* a los cuales puede acudir el lector hispanohablante para profundizar en cada uno de los temas presentados en esta obra. Se incluyen títulos que están en circulación y que se puedan conseguir, con relativa facilidad, en la mayoría de nuestros países.

Eclesiastés y espiritualidad de la vida

Doré, Daniel, *Eclesiástico y Eclesiastés*, Verbo Divino, Navarra, 1996.

Ellul, Jacques, *La razón de ser: Meditaciones sobre el Eclesiastés*, Herder, Barcelona, 1989.

Gattinoni, Carlos T., *El sentido de la vida: Reflexiones sobre el Eclesiastés*, La Aurora, Buenos Aires, 1990.

Grün, Anselm, *No te hagas daño a ti mismo*, Sígueme, Salamanca, 2001.
– *Portarse bien con uno mismo*, Sígueme, Salamanca, 2001.

Motos López, María del Carmen, *Las vanidades del mundo: Comentario rabínico de Eclesiastés*, Verbo Divino, Navarra, 2001.

Moltmann, Jürgen, *El Espíritu de la vida*, Sígueme, Salamanca, 1998.
– *El Espíritu Santo y la teología de la vida*, Sígueme, Salamanca, 2000.

Ravasi, Gianfranco, *Qohélet*, Paulinas, Bogotá, 1991.

Storniolo, Ivo y Martins B., Euclides, *Cómo leer el libro de Eclesiastés: Trabajo y felicidad*, Paulinas, Bogotá, (s.f.).

Tamez, Elsa, *Cuando se cierran los horizontes: Relectura del libro de Eclesiastés o Qohélet*, DEI, San José, 1998.

Vilchez, José, *Eclesiastés o Qohélet*, Verbo Divino, Navarra, 1994.

Espiritualidad y liderazgo a la manera de Jesús

Coté, Jim, *El liderazgo de Jesús*, Puma, Lima, 2003.

Driver, Juan, *Siguiendo a Jesús*, CLARA-Semilla, Bogotá-Guatemala, 1998.

Galilea, Segundo, *El seguimiento de Cristo*, San Pablo, Bogotá, 1995.
– *La inserción en la vida de Jesús y en la misión*, Paulinas, Bogotá, 1989.

Kraybill, Donald B., *El reino al revés*, CLARA-Semilla, Bogotá-Guatemala, 1995.

Lederach, Juan Pablo, *Seguir a Jesús: El camino de la ética cristiana*, Kyrios, México, 1993.

López, Darío, *La misión liberadora de Jesús*, Puma, Lima, 2004.

Míguez, Néstor, *Jesús del pueblo. Para una cristología narrativa*, Ediciones Aurora-Bíblica Virtual, Buenos Aires, 2015.

Moltmann, Jürgen, *Cristo para nosotros hoy*, Trotta, Madrid, 1997.

Nouwen, Henri J. M., *En el nombre de Jesús*, PPC, Madrid, 1998.

Roldán, Alberto Fernando, *La espiritualidad que deseamos*, Alianza, Buenos Aires, 2003.

Segura, Harold, *Ser iglesia para los demás. Hacia una espiritualidad comprometida*, Kairós, Buenos Aires, 2010.

Sobrino, Jon, *Jesucristo liberador*, Trotta, Madrid, 1997.

Stott, John R. W., *Contracultura cristiana: El mensaje del sermón del monte*, Certeza, Buenos Aires, 1984.

Suderman, Roberto J., *Discipulado cristiano al servicio del reino*, CLARA-Semilla, Bogotá-Guatemala, 1994.

Padres y madres del desierto

Barbosa de Sousa, Ricardo, *Por sobre todo cuida tu corazón: Ensayos de espiritualidad cristiana*, Kairós, Buenos Aires, 2005.

Carrasquer, María S. Y De la Red, Araceli, *Madres del desierto*, Monte Carmelo, Burgos, 2000.
– *Kondida: Primeras madres de Occidente (SS. I-VII)*, Monte Carmelo, Burgos, 2001.

Goutagny, E., *El camino del desierto*, Monte Carmelo, Burgos, 2000.

Grün, Anselm, *Camino a través del desierto*, San Pablo, Bogotá, 2003.

– *La sabiduría de los padres del desierto*, Sígueme, Salamanca, 2001.

Merton, Thomas, *La sabiduría del desierto*, Biblioteca de Autores Cristianos, Madrid, 1997.

Nouwen, Henry y Nomura, Yushi, *La sabiduría del desierto*, Claretiana, Buenos Aires, 2002.

Nouwen, Henri J. M., *La soledad, el silencio y la oración: Espiritualidad del desierto y sacerdocio contemporáneo*: Obelisco, Barcelona, 2002.

Palagio y Juan, *Las sentencias de los padres del desierto*, Descleé De Brouwer, Bilbao, 1989.

Quasten, Johannes, *Patrología: La edad de oro de la literatura patrística griega*, (Tomo II), Biblioteca de Autores Cristianos, Madrid, 1994.

Ropero, Alfonso (compilador), *Lo mejor de Juan Clímaco*, CLIE, Terrassa, 2003.

Swan, Laura, *Las madres del desierto*, Sudamericana, Buenos Aires, 2003.

Benito de Nursia y su Regla

Colombas García, M. Y Aranguren, Iñaki, *La Regla de san Benito*, Biblioteca de Autores Cristianos, Madrid, 2000.

Chittister, Joan, *Doce pasos hacia la libertad interior: Retorno a la humildad*, Sal Terrae, Santander, 2003.

– *La Regla de san Benito: Vocación de eternidad*, Sal Terrae, Santander, 2003.

Grün, Anselm, *Benito de Nursia: Su mensaje hoy*, Sal Terrae, Santander, 2004.
– *Benito de Nursia: Espiritualidad enraizada en la tierra*, Herder, Barcelona, 2003.
– *Elogio del silencio*, Sal Terrae, Santander, 2004.

Grün, Anselm y Dufner, Meinrad, *Una espiritualidad desde abajo: El diálogo con Dios desde el fondo de la persona*, Narcea, Madrid, 2002.

Gozier, André, *Benito de Nursia*, Ciudad Nueva, Madrid, 2012.

Merton, Tomas, *El camino monástico*, Verbo Divino, Navarra, 1987.

Reforma luterana

Atkinson, James, *Lutero y el nacimiento del protestantismo,* (2ª ed.), Alianza, Madrid, 1980.

Bainton, Roland H, *Martín Lutero, monje agustino, redescubridor de la palabra de Dios y reformador de la iglesia,* (3ª ed.), CUPSA, México, 1956.

Busquets, Joan, ¿Quién era Martín Lutero?, Sígueme, Salamanca, 1986.

Bullón, H. Fernando y Panotto, Nicolás (editores), ¿Hacia dónde va el protestantismo en América Latina? Una visión multidisciplinaria y prospectiva a los 500 años de la Reforma, Ediciones Kairós, Buenos Aires, 2017.

Egido, Teófanes, *Lutero. Obras,* Sígueme, Salamanca, 1977.

Febvre, Lucien, *Martín Lutero: un destino,* (8ª ed.), Fondo de Cultura Económica, México, 1994.

Fliedner, Federico, *Martín Lutero: su vida y su obra,* CLIE, Terrassa, 2002.

García Villoslada, R. *Martín Lutero,* B.A.C., Madrid, 1973.

González, Justo, *Historia del pensamiento cristiano,* Tomo 3, Caribe, Nashville, 2002.

González, Justo y Segura, Harold (editores), *La Reforma en América Latina: Pasado, presente y futuro,* Ediciones AETH, Orlando, 2017.

Lutero, Martín, *Escritos políticos,* Altaza, Barcelona, 1994.
– *Comentarios de Martín Lutero,* CLIE, Terrassa, 2002.

Rodríguez, José David y Kirst, Nelson, *Relectura de la teología de Lutero desde el tercer mundo,* El Faro, México, 1995.

Serrano, Richard (editor), *La Reforma Protestante: ensayos y acercamientos desde América Latina,* Editorial Mundo Hispano, El Paso, 2017.

Tatángelo, Eduardo y Richaud, Sergio, *Para comprender la Reforma Protestante,* Lima. Ediciones Puma, 2017.

Vilanova, Evangelista, *Historia de la teología cristiana: prerreforma, reformas, contrarreforma,* Herder, Barcelona, 1989.

Espiritualidad de la teología de la liberación

Arias Luna, Juan, *Curso de espiritualidad cristiana*, Verbo Divino, Quito, 2002.

Bermúdez, Fernando, *Espiritualidad desde América Latina: Lucha y contemplación*, Kyrios, Guatemala, 2004.

Boff, Leonardo, *Espiritualidad: Un camino de transformación*, Sal Terrae, Santander, 2002.
– *La crisis como oportunidad de crecimiento: Vida según el Espíritu*, Sal Terrae, 2004.

Bonnín, Eduardo (editor), *Espiritualidad y liberación en América Latina*, DEI, San José, 1982.

Casaldáliga, Pedro y Vigil, José María, *Espiritualidad de la liberación*, Paulinas, Bogotá, 1992.
– *Nuestra espiritualidad*, Frailes Dominicos, Managua, (s. F.).

Cussiánovich, Alejandro y otros, *Espiritualidad de la liberación*, CEP, Lima, 1980.

Galilea, Segundo, *El camino de la espiritualidad*, San Pablo, Bogotá, 2004.

Gutiérrez, Gustavo, *Beber en su propio pozo*, Sígueme, Salamanca, 1984.
– *Densidad del presente*, Instituto Bartolomé de las Casas-CEP, Lima, 1996.
– *¿Dónde dormirán los pobres?*, Instituto Bartolomé de las Casas-CEP, 2002.
– *Hablar de Dios desde el sufrimiento del inocente*, Instituto Bartolomé de las Casa-CEP, Lima, 1986.

Maier, Martin, *Monseñor Romero: Maestro de espiritualidad*, UCA, San Salvador, 2005.

Morozzo, Roberto, *Monseñor Romero. Vida, pasión y muerte en El Salvador*, Salamanca, Ediciones Sígueme, 2010.

Richard, Pablo, *Fuerza ética y espiritual de la teología de la liberación*, DEI, San José, 2004.

Sobrino, Jon, *Liberación con espíritu: Apuntes para una nueva espiritualidad*, Sal Terrae, Santander, 1985.

EDICIONES
KAIROS

www.ingramcontent.com/pod-product-compliance
Lightning Source LLC
LaVergne TN
LVHW010204070526
838199LV00062B/4497